DESTAQUE-SE

MARCUS
BUCKINGHAM

DESTAQUE-SE

Descubra sua vantagem competitiva no trabalho e aprenda a colocá-la em prática

SEXTANTE

tradução
Paulo Polzonoff Jr.

preparo de originais
Melissa Lopes Leite

revisão
Caroline Mori e Leonardo Alves

adaptação de projeto gráfico e diagramação
DTPhoenix Editorial

capa
Miriam Lerner

impressão e acabamento
Cromosete Gráfica e Editora Ltda.

CIP-BRASIL. CATALOGAÇÃO-NA-FONTE
SINDICATO NACIONAL DOS EDITORES DE LIVROS, RJ

B936d Buckingham, Marcus
Destaque-se / Marcus Buckingham [tradução de Paulo Polzonoff Jr.]; Rio de Janeiro: Sextante, 2012.
160 p.; il.; 14 x 21 cm

Tradução de: StandOut
ISBN 978-85-7542-854-2

1. Criatividade nos negócios. 2. Motivação no trabalho. 3. Capacidade executiva. 4. Liderança. I. Título.

CDD: 658.4063
12-5977 CDU: 658.011.4

GMT Editores Ltda.
Rua Voluntários da Pátria, 45 – Gr. 1.404 – Botafogo
22270-000 – Rio de Janeiro – RJ
Tel.: (21) 2538-4100 – Fax: (21) 2286-9244
E-mail: atendimento@esextante.com.br
www.sextante.com.br

Para toda a família Buckingham,
que me estimulou a dar o melhor de mim,
e
para a TMBC, extensão de minha família
que fez desta obra a melhor possível.

Sumário

CAPÍTULO 1

"Apitos para todos!"

COMO ESTIMULAR A INOVAÇÃO

A avaliação de perfis Destaque-se é uma ferramenta inovadora. Ela foi criada para ajudá-lo a descobrir sua vantagem sobre os demais e para lhe apresentar ideias, dicas e técnicas práticas que lhe possibilitarão expandir suas características únicas e vencer no mundo profissional.

Todo mundo reverencia a inovação. Ela é nossa motivadora mística rumo ao progresso, o ingrediente secreto e a esperança a que nos agarramos toda vez que estamos contra a parede. Nossos superiores nos encorajam a sermos mais espertos e mais revolucionários que a concorrência. Numa era de mudanças aceleradas, somente a inovação será capaz de nos manter relevantes e prósperos, somente ela nos colocará à frente dos outros e nos sustentará nessa posição.

Mas o que queremos dizer com *inovação*? Em geral nos referimos a *invenções* e recorremos à era de ouro da invenção: os anos do projeto *Apollo*, quando tudo era possível, o fracasso não era uma opção e a necessidade deu origem ao Teflon, à comida desidratada, à fotografia digital, à tecnologia presente em qualquer máquina de hemodiálise, aos materiais dos tênis de corrida, aos painéis solares e à ARPANet, precursora da internet. Tempos emocionantes. Não é de admirar que nossos líderes gostem tanto de relembrar o passado.

Para a maioria de nós, porém, a inovação é algo menos grandioso. Não estamos tentando inventar a internet. Queremos apenas uma técnica melhor, um modo mais eficiente de realizar as tarefas. Somos fascinados pela ideia de que alguém do nosso ramo criou um método ou descobriu um atalho, um "control-C" do nosso trabalho, algo que, se pudéssemos aprender e reproduzir, nos faria avançar muito na carreira.

E nossos empregadores são obcecados pela mesma ideia. Todas as empresas estão numa busca quase constante pela "prática consagrada". Elas promovem seminários com os melhores do ramo, exploram suas ideias à procura de ações certeiras e então transformam o que ouviram em grupos de discussão, vídeos ou manuais corporativos. Apesar de não ser declarada explicitamente, a visão que motiva toda essa atividade é a de que a inovação pode ser "colhida" e, uma vez "colhida", pode ser "replantada" em larga escala. Descubra algumas inovações, e nós as espalharemos pelo mundo, diz o senso comum.

Muito de vez em quando, até pode funcionar desse jeito. No início do século XX, o Dr. Henry Plummer, da Mayo Clinic, estava testando a ação dos raios X em experiências com propósitos médicos. Apesar de ele e sua equipe terem os equipamentos adequados, só obtinham imagens borradas dos pacientes. Eles pediam às pessoas examinadas que não se mexessem, mas não adiantava muito, principalmente quando a região do corpo submetida ao exame era a cabeça ou o peito. Determinado, o Dr. Plummer enfrentou o problema, até que finalmente deparou com uma frase que transformou magicamente seus pacientes em estátuas. Ela se provou ser tão eficiente que, ainda hoje, depois de o técnico posicioná-lo para o exame e antes de sair da sala, ele a repetirá: "Prenda a respiração."

O Dr. Plummer descobriu uma inovação fundamental, que foi usada em larga escala no século que se anunciava.

Esse caso, no entanto, é uma exceção. É muito raro descobrir uma prática consagrada que possa ser transferida em tal escala de pessoa a pessoa, sem perda de sua eficiência. Normalmente o que acontece é o seguinte: uma funcionária inventa um novo modo de realizar as coisas. Essa nova prática surge como uma manifestação irreprimível de sua personalidade. É algo autêntico e natural, e ela usa a técnica para superar seus colegas. Seu sucesso chama a atenção dos seus superiores, que a interrogam, objetivando descobrir o segredo. A nova prática sobe na hierarquia da empresa, examinada pelos departamentos operacional, de recursos humanos, de treinamento, de comunicação e jurídico, até que, despida de suas características distintivas e da pessoa que a criou, ela é apresentada ao restante do setor, terminando exatamente como qualquer outro programa corporativo: enfraquecido e sem entusiasmo.

Há alguns anos, numa pesquisa com os gerentes mais bem-sucedidos da rede de produtos eletrônicos Best Buy, tive a oportunidade de entrevistar Ralph Gonzalez. Ele transformara uma das filiais da rede que apresentavam desempenho mais fraco numa ganhadora de vários prêmios. Em praticamente qualquer medida, do faturamento ao lucro, do interesse do funcionário à diminuição dos desperdícios, ele levou sua equipe, antes entre as 10% piores, para o topo do ranking. Perguntei-lhe o que ele tinha feito para conseguir uma transformação tão drástica como aquela.

Ele me contou que tinha se inspirado no jovem Fidel Castro, de modo que chamou sua loja de "La Revolución", afixou uma "Declaração de Revolucão" na sala de descanso dos funcionários e mandou que os supervisores usassem uniformes do Exército. Por fim, ele me falou do apito.

Foi uma inovação brilhante. Como sua loja estava em último lugar em qualquer tabela de desempenho regional, ele queria dar a seus funcionários uma maneira de comemorar cada pequena melhora, mostrando que a excelência está em toda parte. Assim, entregou um apito a cada um e mandou que o usassem sempre que vissem alguém fazendo algo "revolucionário". Não importava se a pessoa fosse um superior ou se estivesse trabalhando em outro departamento: se vissem alguém se destacando, deveriam soprar o apito.

– Isso não deixou a loja barulhenta demais? – perguntei.

– Claro – respondeu ele, com um sorriso. – Mas também deixou a loja cheia de energia. *Eu* fiquei cheio de energia. Olha, até os clientes ficaram animados. Eles adoraram.

Fiquei tão impressionado com essa inovação que escrevi sobre ela em *Descubra seus pontos fortes*. Só não expliquei o que aconteceu em seguida. Depois de mencionada em várias reuniões da empresa, a "história do apito" começou a ganhar vida própria. De repente, estava em todos os distritos e regiões do país. "Apitos para todos!", exclamavam. Houve até mesmo uma discussão sobre como criar um sistema para implementar adequadamente o apito em uma loja. Os gerentes teriam apitos verdes; os supervisores, brancos; e os funcionários da linha de frente teriam apitos prateados. Existia uma lista com 12 situações nas quais os apitos poderiam ser soprados – e mais 12 nas quais *não* poderiam ser soprados, sem exceções. O que começou como uma expressão vibrante da personalidade de uma pessoa rapidamente se transformou num "procedimento operacional padrão".

Felizmente, alguns inteligentes executivos da Best Buy, percebendo que essa inovação dependia quase inteiramente da presença do próprio Ralph, interferiram e exterminaram a mutação antes que ela se disseminasse.

Os apitos de Ralph mostram tanto o problema quanto o poder de uma inovação: a inovação é uma prática, não uma ideia. Uma invenção, por sua vez, é uma ideia, uma novidade que, como todas as outras, é facilmente transferida de pessoa a pessoa. (Apresente alguém ao conceito de liberdade individual; ele dirá a outra pessoa, que passará para uma terceira e, como uma infecção benigna, em pouco tempo todo o país estará envolvido numa missão para garantir a liberdade individual de todos.)

Inovação é uma "novidade que pode ser colocada em prática". Isso significa que há uma pessoa envolvida, alguém que realmente está colocando a mão na massa, um Ralph. Uma inovação só pode ser passada adiante se a pessoa que a receber tiver os mesmos pontos fortes da pessoa que a criou. O que é eficiente e autêntico nas mãos de um profissional pode parecer forçado, falso e tolo nas mãos de outro.

Percebemos isso em todo o seu esplendor no cenário mundial. Para os presidentes americanos, o equivalente ao apito é a sessão de fotos com as Forças Armadas. Se um presidente ou candidato à presidência for capaz de aparecer junto das Forças Armadas, transmitirá a imagem de poder e autoridade.

No entanto, como acontece a qualquer prática consagrada, em qualquer cargo ou empreendimento, sua força depende muito da pessoa que a executa.

Recentemente, minha empresa, a TMBC, pesquisou as práticas dos melhores gerentes gerais das filiais da marca Focused Service dos hotéis Hilton – Hampton Inn, Hilton Garden Inn, Homewood Suites e Home2. Como o Hampton Inn havia sido eleito o melhor franqueador do país pela revista *Entrepreneur* – à frente de empresas como McDonald's e Subway – e como o Hilton Garden Inn e o Homewood Suites tinham levado vários dos prêmios J. D. Power, sabíamos que, tendo como alvo os melhores, estávamos entrevistando realmente funcionários de excelente desempenho.

Durante as entrevistas ficou claro que, apesar de terem abordagens semelhantes, suas diferenças é que impressionavam. Diana gerencia o Hampton Inn and Suites em Ephrata, na Pensilvânia. Alegre e empolgada (além de tagarela – minha entrevista de 45 minutos ainda estava a toda com uma hora e 15 minutos), Diana ganhou prêmios consecutivos desde que abriu o hotel, há cinco anos.

– Qual é o seu segredo? – perguntei a ela. – Se você pudesse dizer algo a todos os gerentes que querem ser bem-sucedidos, o que seria?

– Primeiro, arranje uma mascote – respondeu ela.

– Uma mascote?

– É. Uma mascote. Todo hotel deveria ter uma. Ela dá aos funcionários e hóspedes um motivo para se unirem. Uma personalidade. Um objetivo.

– Qual é a sua mascote?

– A tartaruga.

– Por quê?

– Porque, assim como a tartaruga, a gente não progride se não tirar a cabeça do casco. Minha sala é cheia de tartarugas de pelúcia. Quem é eleito o "funcionário do mês" se torna a "tartaruga do mês". Nossos hóspedes fiéis ganham tartaruguinhas de brinquedo para darem aos filhos. É uma coisa maravilhosa. Digo a todos os gerentes de hotel que conheço para arrumarem uma mascote. Na verdade, acabei de saber que outro Hampton perto daqui tem como mascote as abelhas, porque, você sabe, não conseguimos realizar nada a não ser que trabalhemos em equipe.

Conversei com Diana por mais de uma hora e parte de mim se perguntava: *Tartarugas? É sério?!*, enquanto outra parte pensava: *Bem, se funciona, funciona*. Em seguida, peguei o telefone e liguei para Tim, que administra o Hilton Garden Inn da Times Square, em Nova York. Ele é outra estrela do ramo hoteleiro, mas não se parece com Diana. Tim é mais sossegado e racional.

– Uma prática que eu compartilharia com os outros? – disse ele, repetindo minha pergunta. Fez-se uma longa pausa. – Bem, não tenho exatamente uma prática. Acho que minha equipe sabe tudo. É assim que administro meu hotel. Digo a meus funcionários que eles estão mais próximos do hóspede do que eu e que, sempre que houver um problema com um hóspede ou algo a ver com a propriedade, eles saberão resolver.

Continuei investigando:

– É uma visão interessante, Tim, mas você consegue me responder como coloca essa visão em prática?

– Bem, temos uma biblioteca.

– Não entendi.

– É que eu percebi que, se meus funcionários precisariam ter as respostas para tudo, então deveríamos nos tornar um hotel "educativo", e que modo melhor de simbolizar o aprendizado do que pedir que todos os funcionários trouxessem um livro por mês para deixá-lo na biblioteca? Não importa se é um livro de ficção, não ficção ou até mesmo infantil. Todos os livros têm algo a nos ensinar. Assim, eles trazem seus exemplares, pegam outros emprestados e todos aprendemos juntos.

Essas são apenas duas inovações de dois grandes administradores. Ao longo da entrevista, Tim me contou muitas outras. E Diana também. E todos os outros. Mesmo assim, poucas dessas inovações poderiam ser repassadas de uma pessoa a outra, mesmo que viessem dos melhores administradores do ramo hoteleiro, realizando as mesmas funções, no mesmo nível e na mesma organização. Se alguém dissesse a Tim que ele deveria ter uma mascote para seu hotel, qual ele escolheria? Uma traça de livros? Uma coruja? Ele provavelmente adiaria a tarefa, na esperança de que o novo programa corporativo em pouco tempo desaparecesse. Se alguém dissesse a Diana que fundasse uma biblioteca comunitária, ela possivelmente iria adorar a ideia e se esforçaria para colocá-la em prática, mas acabaria por desprezá-la. Não acharia interessante o bastante. Não teria a ver com ela.

Dois engenheiros de uma empresa gigante de mídia social também nos servem de exemplo. David é programador, um tipo único. Dê-lhe 10 ou mais horas ininterruptas e ele manipulará um código, trabalhando e retrabalhando, até que a linguagem esteja tão eficiente e elegante que os outros queiram ler o código somente para admirá-lo. Ele se recusa a ficar na sede da empresa. Trabalha em casa, tendo como única companhia seu cachorro, Bit. Seu segredo, disse David, é a solidão prolongada.

O mesmo não serve para Luke. Ele é outro engenheiro exemplar da mesma empresa, mas com um estilo bem diferente. É um "salvador". Luke pega um programa que não deu certo, reconstrói o que seu programador estava tentando fazer, combina esse código com o experimento de outra pessoa e cria algo que nenhuma das duas tinha em mente. Sua genialidade está em investigar sem deixar o programador original na defensiva, uma prática que ele chama de "Jogo de Adivinhação".

Durante a maratona promovida pela empresa uma vez por mês – na qual os engenheiros que estiverem dispostos permanecem acordados a noite toda, programando, comendo e bebendo, e na manhã seguinte mostram seus códigos –, ele pode ser visto indo de um engenheiro a outro, perguntando ao acaso o que pretendem com o código e dando algumas sugestões. Essas sugestões, por sua vez, geram outras ideias para os programadores originais, que depois ele junta num novo programa funcional.

Peça que Luke passe 10 horas por dia na solidão, e ele verá isso como um castigo, não como uma prática consagrada.

Tente ensinar a David o funcionamento do "Jogo de Adivinhação", e ele tratará você como um ignorante.

Estudamos os melhores diretores das escolas de ensino médio dos Estados Unidos, os melhores líderes da ONG Habitat para a Humanidade, os melhores enfermeiros das salas de emergência e os melhores vendedores das indústrias farmacêuticas. Sempre que entrevistamos funcionários excelentes que estejam na mesma posição, identificamos o seguinte fenômeno: resultados extraordinários obtidos de maneiras radicalmente diferentes. Sim, talvez haja práticas semelhantes entre aqueles que se destacam em certo cargo (leia o Capítulo 5, Resumo técnico da avaliação de perfis, para mais exemplos), mas não existe, para qualquer posição, um perfil "perfeito"; há apenas técnicas perfeitas adequadas a um perfil específico.

Portanto, sua empresa não quer algumas inovações que possam ser empregadas em larga escala. Em vez disso, ela busca *várias* inovações práticas e uma forma de disseminá-las para aqueles *poucos* que têm os mesmos pontos fortes da pessoa que concebeu cada uma delas.

E isso também é o que você quer. Em vez de iniciativas impostas de cima para baixo, que parecem inadequadas e falsas, você deseja ser apresentado a inovações práticas nas quais você mesmo pudesse ter pensado; técnicas que, quando colocadas em prática, façam-no se sentir como se já as tivesse empregado. Você espera desenvolver sua criatividade e ainda assim manter sua autenticidade.

É por isso que criamos o sistema de avaliação de perfis Destaque-se, que você poderá fazer na internet usando o código que veio neste livro. Na última década, coletamos centenas de técnicas, práticas e ideias – de líderes, gerentes, funcionários no serviço de atendimento ao cliente, vendedores e colaboradores individuais de todos os tipos – e inserimos tudo no novo sistema de avaliação. Ao fazer o teste on-line, você obterá como resultado somente as sugestões que correspondam aos seus perfis específicos. Receberá as melhores inovações práticas, as que realmente têm a ver com sua personalidade e seu modo de fazer as coisas acontecerem (nas páginas 31 e 32 você encontrará orientações detalhadas para a realização do teste).

Facebook, Netflix, Slacker e Destaque-se

Ao filtrar o conteúdo apropriado para você, o Destaque-se está se espelhando nas práticas consagradas que vemos aplicadas a outros campos.

No mundo do entretenimento, por exemplo, o conteúdo costumava ser reunido num único local central e depois imposto ao telespectador, sem levar em consideração quem ele é. A ESPN exibia programas de esportes. A CBS, séries divertidas. O History Channel reunia, editava e distribuía imagens antigas da Segunda Guerra Mundial. Para conseguir o que queria, você precisava pesquisar em todos os 500 canais disponíveis e encontrar um ou dois programas que realmente se adequassem ao seu gosto.

Atualmente as empresas mais bem-sucedidas estão trabalhando para aliviá-lo desse fardo, tentando aproximá-lo do conteúdo que mais combina com você. O Facebook é hoje uma potência publicitária não porque tem um estoque centralizado de anúncios melhores, e sim porque a primeira pergunta que ele faz é: "Quem é você?" Só depois, compreendendo seu perfil único de preferências, é que a empresa exibe anúncios que se encaixam na sua realidade.

O Netflix segue o exemplo. Antes que você possa assistir a um filme, ele lhe propõe uma "pesquisa cinematográfica". A empresa lhe apresenta vários filmes, pergunta se você os viu e como os classificaria, e então, com base nos resultados obtidos, sugere apenas aqueles que combinam com suas preferências.

As rádios Pandora e Slacker também fazem isso, só que com a música. Ambos os serviços, de maneiras um pouco diferentes, analisam o que você escolhe ouvir e depois tocam apenas canções que sejam semelhantes às suas supostas preferências musicais.

Em cada um desses casos, o que está centralizado é o aprendizado sobre quem você é. Esse aprendizado sobre você, esse avatar gerado por algoritmos, transforma-se no filtro por meio do qual o conteúdo é oferecido. O algoritmo não é perfeito – às vezes você se pega ouvindo uma música da Lady Gaga quando o que realmente queria era uma música da banda Lady Antebellum –, mas a ideia é. E essa ideia é se ater a você: conhecer seus hábitos, preferências, filmes favoritos, gosto musical e, no caso do Destaque-se, seu perfil.

Em sua função há centenas de práticas e inovações possíveis. Entre todas as pessoas diferentes que exercem a mesma função existem inúmeras combinações de pontos fortes e fracos. O que você (e seu gerente) precisa é de uma ferramenta capaz de entender essa complexidade e combinar as inovações certas com os perfis certos. O método Destaque-se é essa ferramenta.

CAPÍTULO 2

O sistema de avaliação de perfis Destaque-se

O QUE ELE MEDE, COMO FUNCIONA E COMO REALIZÁ-LO

O método Destaque-se o avalia em relação a nove perfis e revela quais são os dois que o descrevem melhor. É com eles que você fará a maior diferença. Eles são sua *vantagem* – pontos em que você é naturalmente superior às demais pessoas. E também são ferramentas *multiplicadoras* – com elas você aprenderá mais rapidamente e irá aperfeiçor inovações, técnicas e práticas que complementem esses dois perfis.

Além da definição de seus dois perfis mais representativos e da explicação de como você é no seu melhor momento, você receberá as seguintes orientações:

- *Frases que descrevem sua vantagem sobre os demais* – Você provavelmente tem dificuldades para encontrar as palavras que expressam melhor suas maiores qualidades. Ou você é vago demais ("Gosto de desafios") ou exagera e acaba caindo na autopromoção explícita ("Fiz parte do grêmio estudantil durante cinco anos seguidos"). Aqui você receberá sugestões para ser mais específico sobre seus pontos fortes sem ser arrogante.

- *Como causar um impacto imediato* – Você acabou de entrar para uma nova equipe ou ganhou uma nova função dentro da mesma equipe. Quer causar uma primeira impressão sólida. Como fazer isso intencionalmente? Como produzir resultados mais rápidos? Em que assunto você é capaz de surpreender as pessoas com a velocidade das suas respostas?

- *Como levar seu desempenho a outro patamar* – Como membro já consolidado da equipe, de que forma você pode aumentar seu desempenho e se transformar no funcionário-chave, aquele sobre o qual os outros contam histórias durante as reuniões da empresa, aquele que os maiores e melhores clientes solicitam?

- *Com que tomar cuidado* – Um talento nunca é demais, mas ele pode ser maldirecionado ou mal-aproveitado. Quais são as armadilhas às quais você está suscetível e que pode evitar?

- *Destacando-se como líder* – Todos os grandes líderes conduzem as pessoas a um futuro melhor, mas cada um deles faz isso à sua maneira. Como a autenticidade é o fator predominante na gestão eficiente, você precisa saber qual é a sua vantagem natural de liderança. Como convencer as pessoas de que você acredita num futuro melhor para sua empresa? Como expressar verdadeiramente seu otimismo sem bancar o sonhador? Como transformar a incerteza da equipe em confiança genuína quando você também tem inseguranças? Que práticas irão acelerar seu crescimento e sua eficiência como líder?

- *Destacando-se como gerente* – Todos os grandes gerentes transformam o talento de uma pessoa em ótimo desempenho, mas a maneira como você conseguirá isso vai depender da sua combinação única de perfis. Qual é o melhor modo de estabelecer expectativas claras para as pessoas, de recompensá-las, estimulá-las e desafiá-las?

- *Destacando-se como vendedor* – Somos todos vendedores. Sempre estamos tentando persuadir alguém, buscando fazer com que ele se comprometa com nosso pedido. Como você convence os outros? Como dá a impressão de ser persuasivo? Se você precisa tornar seu caso atraente, como pode fazer isso? Como estimula os outros a agir?

- *Destacando-se no atendimento ao cliente* – Todo mundo tem clientes – alguns são externos, outros, internos, mas todos estamos prestando um serviço a alguém. A principal responsabilidade do atendimento ao cliente é criar uma relação que vá além do preço. De que modo você faz isso? Como transmite segurança para seus clientes? Como estabelece uma relação de confiança com eles? Como eles podem aprender com você?

O que mede o sistema de avaliação Destaque-se

Depois de 20 anos criando e analisando exames que medem os temas presentes nos talentos das pessoas, ficou claro que, por mais que se investigue determinado aspecto minuciosamente, certos temas acabam se agrupando em padrões.

É possível, por exemplo, criar um método que estabeleça uma diferença entre pontos fortes (por exemplo, Significância, Autoafirmação, Realização e Assertividade) e depois os analise separadamente – o Dr. Clifton e eu fizemos isso com o teste Descubra a Fonte de Seus Pontos Fortes. O que sabemos hoje, porém, é que esses quatro pontos estão estreitamente relacionados um com o outro. Na linguagem estatística, um conjunto de pontos fortes correlacionados é chamado de "fator", mas no mundo real eles se combinam para criar determinada "personalidade", certo modo de participar do mundo. Esses quatro pontos fortes específicos são encontrados numa personalidade que conhecemos bem: é a pessoa que quer que os outros concordem com seu modo de pensar, que gosta de convencer, de parecer mais inteligente que as outras e que pode até mesmo, às vezes, soar agressiva. Na linguagem do método Destaque-se, essa pessoa é uma Influenciadora.

Do mesmo modo, uma combinação dos pontos fortes Pensamento Estratégico, Otimismo, Impaciência e Tolerância à Ambiguidade cria outro tipo de personalidade. É a pessoa que se destaca quando está voltada para o futuro, que acredita do fundo do coração que o mundo é um lugar agradável, que adversidades são oportunidades disfarçadas e que a melhor maneira de descobrir o que vem depois da curva é fazer a curva e ver por si mesma. Na linguagem do método Destaque-se, essa pessoa é uma Pioneira e é diferente do restante de nós: a incerteza que nos incomoda a estimula.

Para criar o sistema de avaliação de perfis Destaque-se, examinamos centenas de pontos fortes mensuráveis e identificamos suas combinações mais comuns e poderosas. Claro que as maneiras de medir os muitos tons das características únicas do ser humano são infinitas; no entanto, a quantidade de combinações de qualidades relevantes não é. Encontramos nove perfis significativos.

Compensador

Você é uma pessoa justa que expressa seu poder mantendo o mundo em equilíbrio, ética e pragmaticamente.

Conselheiro

Você é um pensador prático e realista que se destaca quando está reagindo aos problemas dos outros e os resolvendo.

Criador

Você compreende o mundo – decompondo-o, vendo uma configuração melhor e o recriando.

Entusiasta

Você abriga as emoções dos outros. Sente-se responsável por elas, por mudá-las e elevá-las.

Influenciador

Você estimula diretamente as pessoas e as convence a agir. Seu poder está na persuasão.

Pioneiro

Você vê o mundo como um lugar agradável e acha que em cada curva do caminho acontecerão coisas boas. Seu poder vem do seu otimismo diante da incerteza.

Professor

Você se entusiasma com o potencial que vê em cada pessoa. Seu poder vem da sua capacidade de aprender a liberá-lo.

Provedor

Você percebe os sentimentos das outras pessoas e se sente motivado a reconhecê-los, a expressá-los e a agir a favor deles.

Vinculador

Você é um catalisador. Seu poder está na sua vontade de juntar pessoas e ideias para criar algo maior e melhor que aquilo que existe no momento.

Dentro da caixa-preta: como funciona o sistema de avaliação de perfis Destaque-se

Se você sempre se perguntou como pode descobrir a vantagem única de uma pessoa – mesmo que ela note que é justamente isso que você está tentando fazer e mesmo que ela própria desconheça o que a destaca dos demais –, saiba que esta seção se propõe a abrir a caixa-preta.

Como descrevi em *Descubra seus pontos fortes*, seu desempenho real em qualquer momento é a soma de todas as escolhas que você realiza. Se alguém o desafia durante o dia, o que você faz? Quando percebe que decepcionou alguém, qual é sua primeira reação? Se um amigo que realmente precisa de você o distrai da tarefa que você tem nas mãos, qual das duas coisas recebe sua atenção imediata?

Claro que a resposta mais simples para todas essas perguntas é: "Depende..." Depende de quem o está desafiando, de quem você decepcionou e do que você estava fazendo quando seu amigo o chamou.

Mesmo assim, essas reações não se dão completamente ao acaso. Elas não dependem apenas da outra pessoa, da situação e da tarefa que você está realizando. Muitas delas dependem sobretudo de você. Você é o tipo de pessoa que tem reações positivas ao ser desafiado ou não? Que tem uma reação profundamente negativa ao desapontar alguém ou que é capaz de racionalizar isso? Que jamais se permite ignorar a tarefa que tem em mãos, por mais próximo que seja o amigo e por maior que seja a necessidade por que ele esteja passando, ou que sente a necessidade do amigo com tanta intensidade que chega quase a ser uma dor física? Há padrões aqui, padrões em você. E os mais predominantes – os mais recorrentes – são a fonte de seus pontos fortes.

Como é possível medir esses padrões?

No teste Descubra a Fonte de Seus Pontos Fortes, criado há 10 anos, optamos por elaborar perguntas autodescritivas, como: "Você é um professor ou um orientador?" O lado bom desse método é sua simplicidade. A pessoa tem duas opções, escolhe uma delas, aperta o botão e passa para a próxima pergunta.

Esse era o melhor método na época, mas ele tem um lado ruim: como as autodescrições são explícitas, fica óbvio para o examinado o que cada dupla de opções está tentando avaliar. Isso significa que os resultados podem ser enganosos – ou porque a pessoa examinada não tem a menor ideia de quem seja ou porque ela está ativamente tentando manipular o teste a fim de produzir o resultado que deseja.

Durante a última década, aprendemos que a melhor maneira de eliminar essa falha é criar um novo tipo de avaliação, que se desenvolva não em torno de autodescrições simples, e sim de algo um pouco mais furtivo.

No método Destaque-se, repetimos as reações por estímulo verificadas na vida real apresentando a sugestão de um estímulo – na maioria dos casos, uma situação ligeiramente estressante – e depois oferecendo um conjunto de respostas possíveis. Então fazemos três coisas: primeiro, acionamos um cronômetro – são cerca de 40 segundos para cada pergunta, a fim de que não seja possível pensar demais. Segundo, criamos opções que pareçam igualmente "boas". Por exemplo, podemos perguntar: *Um novo colega de trabalho o aborda com uma ideia que ele tem certeza de que ajudará a equipe. O que você faz?*

Em seguida, aparecem estas quatro opções:

A. Repassa a ideia ao restante da equipe para ver o que todos acham.
B. Faz ao colega algumas perguntas difíceis para saber se ele já pensou em tudo.
C. Destaca o que há de bom na ideia e ajuda o colega a desenvolvê-la.
D. Coloca a ideia em prática e vê se funciona.

Qualquer escolha pode ser considerada uma atitude sensata. Sim, você pode discordar de uma ou de outra opção, mas nenhuma delas é obviamente correta.

Terceiro, incluímos em cada opção "palavras-gatilho" específicas. Uma palavra-gatilho é um termo que sabemos que estimula o sistema reticular ativador cerebral de determinado tipo de pessoa e, consciente ou inconscientemente, chama a sua atenção. Por exemplo: sabemos que, quando se deseja medir a competitividade, o termo *pontuação* é uma palavra-gatilho. Se houver quatro opções e uma delas incluir a palavra *pontuação*, ainda que a palavra não seja parte essencial da resposta, as pessoas competitivas a escolherão. Elas não necessariamente serão capazes de dizer por que fizeram a escolha, mas mesmo assim a farão.

Para avaliar a empatia, sabemos que *chorar* é uma palavra-gatilho: pessoas empáticas dizem que choram com os outros ou pelos outros com mais frequência que o restante de nós. Insira a palavra *chorar* num cenário e, apesar de a quantidade de pessoas a escolher tal opção ser provavelmente menor – talvez porque muita gente pense que chorar não é coisa de adultos –, as poucas que o fizerem revelarão um talento para sentir as emoções alheias. Em outras palavras, serão empáticas.

Não daremos mais exemplos porque o Destaque-se está cheio deles – praticamente todas as opções em todos os cenários são criadas em torno de uma palavra-gatilho. Não tente encontrá-las; apenas leia cada situação e escolha o item que mais reflete o que você faria.

Saiba que, quando você se submete à avaliação Destaque-se, é irrelevante que se conheça bem ou não, que esteja tentando manipular o exame para obter determinado resultado ou que acredite que não optaria por nenhum dos quatro itens. Tudo o que você tem que fazer é ler as situações, as opções e, guiado pela sua consciência ou por sinais inconscientes, realizar sua escolha.

E não se preocupe: se deixar passar uma pergunta ou não ficar satisfeito com uma resposta, nós lhe daremos mais 11 oportunidades de realizar uma escolha que envolva cada um dos nove perfis.

Quando chegar ao fim do teste Destaque-se, o algoritmo fará cálculos, as escolhas serão contabilizadas, as opções dissonantes serão descartadas, os padrões serão encontrados e, finalmente, você obterá seus resultados. Talvez eles o surpreendam, talvez confirmem o que você há muito tempo acredita saber sobre si mesmo. De qualquer modo, lembre-se de que o Destaque-se não revela quão bem você se conhece – afinal, não pedimos que se avaliasse de acordo com uma lista de características. Em vez disso, e porque o Destaque-se mede como você instintivamente reage às situações, seus resultados revelam como você é visto pelos outros. Quando entra para uma equipe, é *isto* que seus colegas sentem a seu respeito. Quando aborda um cliente, é *este* o impacto que causa nele. Quando lidera um grupo, é *esta* a impressão que ele tem de você. Assim, ao ler os resultados, tenha a mente aberta para a possibilidade de que, não importa como você se veja, é *assim* que os outros o veem.

Um foco mais preciso: como o Destaque-se aperfeiçoa o teste Descubra a Fonte de Seus Pontos Fortes

Em 1999, criamos o teste Descubra a Fonte de Seus Pontos Fortes, fornecendo um vocabulário positivo para que você reconhecesse suas características principais. O Dr. Don Clifton e eu desenvolvemos as perguntas e os temas do teste e os publicamos no livro *Descubra seus pontos fortes*. O objetivo da avaliação era ser descritivo e afirmativo. Queríamos lhe oferecer uma maneira de descrever o que havia de melhor em você e de fazer com que se sentisse bem com seu estilo.

(Tenho orgulho de dizer que o teste foi muito procurado: até agora, mais de cinco milhões de pessoas o realizaram.)

O desafio é o seguinte: depois de ter um vocabulário positivo com que se descrever, o que você faz com isso? Que carreira pode seguir? Que técnicas precisa empregar para explorar seus pontos fortes e superar seus concorrentes? O que deve dizer a seu gerente para que ele o ajude a melhorar seu desempenho?

Acredito que, se ainda trabalhássemos juntos, Don e eu teríamos continuado a aperfeiçoar o Descubra a Fonte de Seus Pontos Fortes, de modo que responderíamos a essas questões. Mas não foi possível. Don faleceu em 2003 e, depois de sua morte, deixei a Gallup para me ater menos a avaliações (o lado forte da organização) e mais ao que poderia ser feito para melhorar justamente os elementos que estávamos medindo – os interesses, os pontos fortes e o desempenho dos funcionários.

Como parte desse foco na ação, nossa equipe – trabalhei com a Dra. Courtney McCashland nos cenários, com Tracy Hutton e Charlotte Jordan nas ações e com Jaqai Mickelsen no projeto – criou uma avaliação de talentos para responder àquelas questões. Queríamos um sistema que revelasse a sua vantagem especial sobre os demais e que lhe sugerisse inovações práticas para ajudá-lo a aprimorá-la. Enquanto o teste Descubra a Fonte de Seus Pontos Fortes era descritivo e afirmativo, criamos o Destaque-se para que fosse *prescritivo* e *inovador.*

O RELATÓRIO DO GERENTE DE EQUIPE

Também desejávamos desenvolver uma ferramenta que mostrasse aos gerentes especificamente o que eles poderiam fazer para focar, recompensar e desafiar todos os funcionários. O teste

Descubra a Fonte de Seus Pontos Fortes era bastante complicado – ele o media de acordo com 34 pontos e mostrava seus cinco principais –, de modo que os gerentes quase sempre não sabiam o que fazer com as informações. Cada integrante da equipe se sentia reconhecido, mas o gerente precisava lidar com um mundo mais complexo: tinha que se lembrar dos cinco principais pontos fortes de cada integrante e de 10 a 15 ações para cada ponto.

Assim, enquanto o Descubra a Fonte de Seus Pontos Fortes o destacava para revelar as complexidades do seu estilo, o Destaque-se o insere novamente na equipe e ressalta os aspectos nos quais você tem uma vantagem competitiva. Seu gerente só precisa saber disso. Depois ele poderá contar com uma planilha resumida contendo ideias, ações, dicas e técnicas para ajudá-lo a tirar o máximo proveito disso. O site do Destaque-se oferece essa planilha em um conteúdo opcional voltado para gerentes.

Chegou a hora de fazer o teste Destaque-se

No verso da quarta capa deste livro há uma etiqueta que você deve raspar para ter acesso ao seu código de identificação pessoal. Anote-o. Acesse a internet e digite o seguinte endereço: standout.tmbc.com. Clique no retângulo laranja "*Get Started*". Na tela seguinte, no alto, digite o código nos quadrinhos onde se lê "*Enter Your Key*". Clique no retângulo ao lado onde está escrito "*Use Key*".

Na página seguinte você deverá fazer o seu cadastro, para que possa consultar seus resultados sempre que quiser. Preencha os campos com nome completo, endereço de e-mail (duas vezes, para confirmar) e senha (também duas vezes). Os campos abaixo (data de nascimento, sexo, nível de formação, função profissional e como conheceu a TMBC) são opcionais. Clique no quadrinho ao lado de "*I have read and agree to the terms of the service*" para concordar com os termos de serviço (se quiser ler antes, clique no link) e depois no botão cinza "*Next*", ao final da tela.

Na nova página, no campo "*Select Language*", lá embaixo, selecione "*Portuguese – Brazil*", para poder responder às perguntas em português. Se estiver pronto para realizar o teste nesse momento, clique no botão amarelo "*Begin Assessment*".

Sua avaliação já irá começar. Leia as perguntas rapidamente. Você terá cerca de 10 segundos para ler a pergunta e 30 segundos para respondê-la, e o cronômetro no centro da tela mostrará quanto tempo lhe resta. Não pense demais: deixe que seus instintos guiem sua escolha. Para registrar cada resposta, clique na seta à direita. Você deverá levar de 20 a 25 minutos para completar o teste todo.

Atenção: se deixar de responder a alguma pergunta, não se preocupe, pois você terá mais 11 oportunidades de realizar uma escolha que envolva cada um dos nove perfis. Se pular quatro questões seguidas ou cinco no total, deverá começar o teste outra vez (digite novamente o endereço do site, coloque seu e-mail e sua senha no topo da tela onde está escrito "*Returning User*" e clique em "*Login*"). Porém, se responder a todas as perguntas, não poderá refazê-lo.

Depois que tiver respondido a todas as perguntas, seu resultado será calculado. Aguarde e uma tela surgirá mostrando seus dois perfis mais representativos, em ordem de importância. Identifique o símbolo usado em cada um e procure no sumário deste livro a página referente ao perfil em questão. (= Equalizer = Compensador; = Advisor = Conselheiro; = Creator = Criador; = Stimulator = Entusiasta; = Influencer = Influenciador; = Pioneer = Pioneiro; = Teacher = Professor; = Provider = Provedor; = Connector = Vinculador.)

No próximo capítulo, cada perfil será analisado em profundidade. Leia as informações com atenção e aprenda a tirar proveito de seus pontos fortes.

CAPÍTULO 3

Os nove perfis

Compensador

DEFINIÇÃO

Você começa perguntando: "*Qual é a coisa certa a fazer?*" É uma pessoa sensível ao modo como tudo no mundo é interdependente, como um movimento numa parte pode fazer com que todo o resto se mova. Ciente da interconectividade, sente-se motivado a manter tudo em harmonia. Essa necessidade de equilíbrio pode ser organizacional – você percebe quando seu mundo está desorganizado e se põe a recolocar tudo no devido lugar. Ou pode ser ética – você sabe muito bem quem é responsável pelo quê e age rapidamente quando alguém não cumpre o próprio dever. Não tem dificuldade para repreender a pessoa que não dá conta das funções que competem a ela e também não é condescendente quando você mesmo comete um erro.

Você vê os compromissos que assumimos uns com os outros como fios que nos ligam e nos permitem compartilhar o sucesso. Sofre quando vê essas conexões serem quebradas, portanto as protege fervorosamente. No seu melhor momento, você é nossa consciência, ajudando-nos a perceber quanto devemos uns aos outros e como dependemos uns dos outros. Você nos mantém unidos.

VOCÊ NO SEU MELHOR MOMENTO

- Você é uma pessoa justa, que sempre busca a igualdade.
- Seu mundo é um mundo moral, composto de obrigações mútuas. Sua motivação é manter esse equilíbrio, e você fica nervoso quando as coisas pendem demais para determinada direção.

- Condições que desequilibram seu mundo:
  - ▷ Quando as pessoas não dizem a verdade. Você detesta mentiras ou mesmo meias-verdades. Considera a politicagem e a falsidade desprezíveis. Sente-se mais forte com a verdade e por isso sempre é sincero – às vezes de maneira brusca.
  - ▷ Quando há ambiguidade e incerteza. Você tenta recompor o equilíbrio investigando mais fatos – contra fatos não há argumentos.
  - ▷ Quando as pessoas não cumprem seus compromissos. Isso o irrita profundamente. Você as pressiona, e pressiona a si mesmo, a fazer o que for preciso para garantir que o compromisso seja cumprido. Se isso não acontece, a única maneira de recuperar o equilíbrio é fazer compensações.
  - ▷ Quando alguém é prejudicado. Seu mundo é um mundo moral e, assim, você se sente ultrajado quando uma injustiça não é reparada. Você é um defensor ardoroso dos direitos das pessoas, e dos seus também.
  - ▷ Quando vê enormes disparidades de recompensas ou elogios. Você tem uma noção precisa do valor de cada pessoa e se sente ofendido quando alguém é mais valorizado que os demais. Por mais talentoso que seja esse indivíduo, isso simplesmente não lhe parece justo.
- Você é uma pessoa categórica. Preto ou branco. Verdadeiro ou falso. *Não me dê imagens bonitas nem faça afirmações grandiosas. Só me diga se fez ou não fez*, você pensa.
- Você é previsível e consistente – ou pelo menos tenta ser. É por isso que as pessoas confiam em você.
- As pessoas o procuram quando querem uma opinião objetiva. Você pondera tudo e tem noção exata da coisa *certa* a fazer em quase qualquer situação.
- Você pensa em termos de "*Quem tem o direito de fazer isto?*". Os direitos e as responsabilidades são seus guias. Sente-se ofendido quando acha que alguém ultrapassou os limites e fez algo que não deveria ter feito. E lutará para que isso seja corrigido.

COMO SE DESCREVER (EM ENTREVISTAS E AVALIAÇÕES DE DESEMPENHO)

- "Sou extremamente responsável."
- "As pessoas sempre sabem o que penso delas, por mais que às vezes não gostem das minhas opiniões."
- "Defendo as causas em que acredito profundamente, mesmo que eu seja minoria. Por exemplo, certa vez..."
- "Eu me destaco quando estou convencendo os outros a enxergarem o que está certo e a agirem pautados por essa visão – mesmo que eles se sintam tentados a fazer outra coisa."
- "Detesto trabalhos inacabados. Isso me consome. Não consigo parar de pensar nas pendências."
- "Sou totalmente transparente. Sou aquilo que você vê. Não escondo minhas intenções e não sei lidar com quem as esconde."
- "Às vezes posso ser um pouco ríspido com as pessoas, mas espero que elas tenham certeza de que podem confiar sempre em minhas palavras."

COMO CAUSAR UM IMPACTO IMEDIATO

- As pessoas gostam de certeza. **A continuidade é o modo certo de dar isso a elas.** Por mais tentador que seja procurar pela próxima oportunidade, comece sendo conservador sobre o compromisso que você está prestes a assumir e depois se certifique de fazer o que você diz que vai fazer – no tempo certo, dentro do orçamento e sem surpresas. Isso estabelecerá sua reputação.
- **Declare seu amor por ordenar as coisas.** A quantidade de pessoas que evita a desordem é tão grande que será um alívio para seus colegas descobrirem que alguém da equipe gosta de encarar uma bagunça.
- **Expresse seus valores.** Isso não significa dizer a todos que você é honesto – na verdade, quanto mais você afirma sua honestidade, menos as pessoas creem que ela seja genuína. O que deve deixar explícito são as coisas em que acredita e que

valoriza. Claro que seu comportamento provará isso, mas como suas crenças são boa parte do que você é, falar sobre elas soará autêntico.

- Você diz a verdade. Um dos primeiros modos de causar impacto é **denunciar tudo o que considera inapropriado, ineficiente ou até mesmo antiético**. A boa notícia é que as pessoas não demorarão a perceber que você não está apenas repetindo regras e, com o tempo, passarão a confiar no que ouvirem de você. O lado ruim, claro, é que muita gente não gostará do que você tem a dizer e até mesmo se sentirá julgada por você. Principalmente no início, descubra uma maneira de expressar suas verdades sem causar ofensas. Denuncie o comportamento do qual você discorda, em vez de diminuir a pessoa que o adota. Por exemplo, use "Vai ser difícil continuar tendo essa reunião se você se atrasar todas as vezes", em vez de "Você não se importa com esta equipe, não é?".
- Você tem uma noção inata de justiça, mesmo em ocasiões em que essa noção o leva a concluir que não merece algo que recebeu. **Esse tipo de objetividade, mesmo quando o deixa em desvantagem, é rara**. Haverá oportunidades para exibi-la. Busque-as.
- **Ajude seus colegas a descobrir o método certo de realizar tarefas difíceis**. Algumas pessoas se sentem assoberbadas e não conseguem avançar. Você pode lhes mostrar como quebrar as tarefas em partes e seguir adiante, passo a passo. Sua abordagem metódica do trabalho gera calma e segurança para os outros.
- **Estabeleça as circunstâncias exatas diante das quais as pessoas ao seu redor podem ser responsabilizadas**. Antes do início de um projeto ou no começo de cada semana, imponha objetivos e expectativas claros para cada membro da equipe.
- **Defina claramente sua área de responsabilidade**. Você sempre trabalha melhor quando os limites de sua posição e da posição dos outros são nítidos. Se necessário, passe esses limites para o papel e torne-os explícitos para si mesmo e seus

colegas. Você gostará dessa clareza e, mesmo que as pessoas ao seu redor não percebam, também tirarão proveito dela.

COMO ELEVAR SEU DESEMPENHO A OUTRO PATAMAR

- **Encontre oportunidades de defender os direitos dos outros.** Você está na sua zona de conforto quando faz isso. Não importa quais sejam os seus talentos em outras áreas do seu trabalho: quando se trata de explicar o que as pessoas merecem, você instintivamente encontra as palavras e os argumentos para defendê-las de forma convincente.
- **Estabeleça precedentes.** Quando essa situação já aconteceu? Quais foram os resultados? Que partes foram afetadas? As pessoas irão buscar em você um posicionamento justo e seus argumentos soarão mais adequados e mais claros se usar experiências e histórias reais.
- **Seja meticuloso.** À medida que sua carreira avançar, as pessoas confiarão mais e mais nas suas opiniões. Sempre tenha fatos à sua disposição e, se possível, dados por trás desses fatos. Elas (e você) precisam ter confiança em suas palavras. Sem fatos e dados, você corre o risco de ser visto apenas como uma pessoa crítica.
- **Busque situações nas quais as pessoas precisem de uma mediação objetiva.** Em pouco tempo aqueles ao seu redor perceberão que você recorre a julgamentos objetivos – em vez de pensar nos próprios interesses e preferências – para distinguir o certo do errado. O conselheiro confiável, o líder objetivo, o analista equilibrado, todos esses são papéis raros e valiosos que você está preparado para exercer.
- **Desenvolva seu talento de mediador.** Você tem um dom natural nessa área, mas para se tornar um mestre é preciso tempo, prática e treinamento. Essas são qualificações profissionais de mediação que você pode adquirir e que irão ajudá-lo a fazer com que as pessoas reconsiderem as próprias opiniões e procurem um meio-termo. Munido dessas habi-

lidades, você se descobrirá capaz de lidar até mesmo com as situações mais complicadas.

COM QUE VOCÊ PRECISA TOMAR CUIDADO

- **Quando você afirma que quer que as pessoas sejam tratadas com justiça, o que exatamente quer dizer**? Nós, seus colegas, precisamos saber. Quer dizer que todos devem ser tratados igualmente? Ou que todas as pessoas devem ser tratadas como merecem, tendo em mente quem são e o que realizaram para a organização? Essas são, obviamente, definições bem diferentes de justiça. Qual é a sua?
- **Certifique-se de aplicar sua abordagem metódica ao seu próprio espaço físico.** Você pensa melhor quando há ordem à sua volta. Leve isso a sério. Terá ideias melhores e será mais produtivo e resiliente quando perceber que seu mundo – e as coisas nele – está no devido lugar.
- **Mantenha seu foco no desempenho.** Às vezes seu senso de justiça pode levá-lo a dar mais ênfase a *como* alguém realiza o trabalho e a ignorar *o que* a pessoa realizou.
- **Faça uma lista das regras de justiça segundo as quais você vive.** Elas podem se basear em certos valores ou em determinadas diretrizes que você considera inegociáveis dentro da organização. Paradoxalmente, quanto mais claro você for a respeito dessas regras, mais confortável se sentirá em abrir exceções. Se elas não forem explícitas, as pessoas terão que adivinhar os parâmetros que você está usando para fazer seus julgamentos. Assim, poderá parecer arbitrário – mesmo que não seja.

DESTACANDO-SE COMO LÍDER

Compensador: Seu ponto forte é a estrutura que você nos fornece. Precisamos de uma fundação, de um parâmetro, de uma moldura dentro da qual possamos criar. Contamos com sua orientação.

- Confiamos que você fará a coisa certa. Você é tão transparente em relação a esse valor que nos passa a certeza de que somos representados por um indivíduo ético e correto. Você diz o que fará quando sabe que fará. Gostamos disso. Proteja essa reputação acima de tudo.
- A vida avança com tamanha rapidez que podemos nos perder. Contamos com você para nos dizer do que tem certeza, com o que podemos contar. Sua disciplina é o catalisador de nossa criatividade, de nossas experiências em ir além do que os clientes ou os colegas esperam.
- Preste atenção na energia da equipe. Se não souber fazer isso, encontre um parceiro confiável que o ajude. Às vezes você ignora dicas importantes sobre como nos sentimos porque está atento demais à orientação ou ao processo. Crie um fórum de discussão na equipe para permitir a interação com os membros. Essa é uma grande oportunidade para que possamos compartilhar nossos sentimentos. Certifique-se de fazer isso sem formalidade, de modo que sejamos capazes de nos abrir completamente.
- Mostre-nos sua personalidade. Às vezes achamos que não o conhecemos bem. Se você reservar um tempo para contar histórias pessoais, nós nos sentiremos mais próximos. Não precisa ser um animador de auditório – basta procurar oportunidades de criar vínculos pessoais ao percorrer o escritório e compartilhar nossas realizações.
- Assegure-se de que estejamos preparados. Explique com clareza o quê, o como e o porquê da qualidade e as etapas pelas quais precisamos passar para potencializá-la. Crie oportunidades para que façamos o que se espera de nós. Assim, quando chegar a hora de avaliar nosso desempenho, não ficaremos receosos – ansiaremos por esse momento.
- Saiba reconhecer quando for hora de desistir de uma ideia, projeto ou pessoa. Seu comprometimento em concluir o que começou pode, às vezes, cegá-lo diante de situações negativas.

DESTACANDO-SE COMO GERENTE

Compensador: Seu ponto forte é a certeza que nos dá. Sempre sei o que esperar de você e, assim, minha relação com você é previsível e, portanto, segura.

- Você trabalha duro. Vejo como se compromete em realizar as coisas e isso me estimula a dar o melhor de mim para ajudar a conquistarmos nossos objetivos comuns.
- Posso confiar em você. Se toma uma decisão ou me promete algo, sei que cumprirá sua palavra. Mantenha essa mesma integridade nas suas reuniões e conversas individuais. Se eu sentir que isso é importante para você, e não apenas uma atividade obrigatória, serei naturalmente mais presente e responsável.
- Analise minha autoavaliação a cada três meses, sem falta. A clareza e a certeza que isso me proporciona como seu funcionário me mantêm atento e engajado. Também expressa quanto você se dedica ao meu progresso e sucesso dentro da empresa e, assim, aumenta minha lealdade.
- Invista em nosso treinamento e dê o exemplo mantendo-se atualizado. De vez em quando, tome a iniciativa de ficar a par das alterações de sistema e dos desafios. Além disso, se você for capaz de usar um sistema com mais eficiência do que nós, essa será provavelmente uma boa oportunidade de nos dar mais apoio e treinamento.
- Você é meticuloso e organizado. Tenho certeza de que o que pede é o que precisa ser feito. Isso me deixa livre e focado, sem ter que me preocupar com a possibilidade de meus esforços acabarem ignorados.
- Você trata as pessoas com justiça. Reflete sobre como as decisões terão impacto na força de trabalho. Avalia como distribuir as gratificações de acordo com o merecimento. Você se certifica de que os reconhecimentos sejam universais. Faz o melhor que pode para manter as coisas em equilíbrio. Não deixe de notar quando eu for além e busque uma maneira especial de reconhecer meu esforço.

DESTACANDO-SE COMO VENDEDOR

Compensador: Seu ponto forte é a responsabilidade. Continue fazendo exatamente o que você diz que fará e, em pouco tempo, terá estabelecido um tipo de relação de confiança que seus concorrentes acharão difícil de quebrar.

- Em todos os aspectos profissionais, seus padrões de equilíbrio e justiça orientam sua maneira de fazer negócios. Sua abordagem ética gera credibilidade à medida que nós, seus clientes, passamos a confiar em sua integridade.
- Você se sente profundamente responsável por cumprir sua palavra numa promessa feita ou num compromisso assumido. Esse sentimento o leva a encontrar um modo de realizar o que foi garantido. Você se destaca porque sempre dá um jeito de resolver as coisas.
- Mostre sua liderança ao estruturar a proposta. Você presta atenção nos detalhes importantes. Esse planejamento cuidadoso será notado por mim e vou querer vê-lo outra vez quando estiver cogitando outra compra.
- Suas opiniões são honestas e adequadas. Seu estilo equilibrado lhe será útil ao lidar com os desafios de uma relação comercial. Sempre saberei que você irá me propor um acordo justo.
- Tome cuidado ao menosprezar seus concorrentes quando acreditar que estão agindo sem ética. Não preciso me envolver com a confusão. Apenas me diga o que diferencia a sua solução e por que preciso dela.

DESTACANDO-SE NO ATENDIMENTO AO CLIENTE

Compensador: Seu ponto forte é o senso de justiça. Posso confiar que você fará o que é certo.

- Confio em você. Você me dá as boas e as más notícias. Não disfarça um cenário negativo – simplesmente diz a verdade. Às vezes sentirei falta de um pouco mais de sensibilidade, mas sempre irei preferir a verdade à mentira consoladora.

- Você cumpre o prometido, na data combinada. Dou imenso valor a isso. Talvez eu não obtenha a resposta desejada, mas pelo menos não estarei desperdiçando meu tempo esperando à toa.
- Estabeleça um padrão de acompanhamento e deixe-me a par disso. Quando eu lhe der um feedback da minha experiência com sua empresa, seja ela positiva, seja negativa, diga-me quando terei uma resposta da empresa. Mantenha esse prazo bem curto. Isso mostrará que você me respeita e que realmente se importa com minha opinião.
- Você segue as regras. Às vezes gostaria que as contornasse para me agradar, mas aprecio a segurança de saber que o cliente seguinte não conseguirá um negócio melhor nem obterá uma resposta diferente da minha. Essa igualdade de condições me tranquiliza e me passa confiança.
- Por outro lado, nem toda situação merece a mesma resposta, por isso seja curioso. Reserve um tempo para fazer perguntas a fim de descobrir o que pode haver de diferente na minha situação específica.
- Reconheça uma queixa legítima. Percebo que você se importa com o fato de eu ser tratado com justiça, então reconheça quando seu produto ou serviço fracassar. Vou continuar fazendo negócio com você.

Conselheiro

DEFINIÇÃO

Você começa perguntando: "*Qual é a melhor coisa a fazer?*" Seu entusiasmo surge ao saber que você é a pessoa à qual os demais recorrem em busca de respostas. Você não necessariamente quer ser aquele que de fato implementa as mudanças. Em vez disso, ser valorizado pelos outros por suas ideias e opiniões é o que o estimula. Como gosta do papel de especialista, está sempre à procura de informações que ajudarão as pessoas a tomar decisões mais acertadas. Quando você observa o mundo, presta atenção nas sutilezas dos detalhes porque eles irão capacitá-lo a dar a melhor recomendação. Sabe que um bom conselho nunca é genérico, e sim moldado de acordo com as características únicas da situação da pessoa.

Você pode ser exigente e teimoso, mas acima de tudo é seletivo. "Bom o bastante" nunca é bom o bastante para você. Há sempre uma saída melhor, um acordo melhor, uma solução melhor, e você se sente vivo quando é chamado para encontrá-los. Depois que os encontra, não se permite questionar sua decisão. O motivo por que as pessoas buscam seu conselho é justamente o fato de você parecer muito seguro e confiante em sua intuição. Você sabe disso instintivamente e tem orgulho de ser assim.

VOCÊ NO SEU MELHOR MOMENTO

- Você estabelece um vínculo com outra pessoa por meio dos conselhos que dá a ela. Na verdade, essa é a prática que o conecta com o mundo.

- Você é um pensador prático e realista. Pensa em termos de "etapas" e "módulos". A linguagem que usa é: "Estas são as etapas que recomendo", "Anote estas dicas", "Veja os materiais que desenvolvi".
- Você resolve problemas. Não se deixa abalar por situações complexas porque, ao enfrentar um desafio, você o isola em suas menores partes. Pensa em sequência e é alguém que se destaca ao analisar os problemas e desmontá-los.
- Você faz muitas perguntas porque acha que a resposta pode ser encontrada nos detalhes de uma situação. Sente-se intrigado pelas minúcias dos planos, dos problemas e da vida das pessoas. Não que você seja um voyeur – o voyeurismo é passivo demais. Mas você pode ser intrometido.
- Você gosta de diferenciar duas coisas que pareçam muito semelhantes. Essas diferenciações o ajudam a fazer boas escolhas.
- Você respeita muito os outros especialistas. Especialistas são capazes de ver distinções sutis, algo a que você dá muito valor.
- Você não se interessa pelo futuro ou pelas novidades apenas por serem novidades (a não ser que seu segundo perfil seja Pioneiro). Mas consegue ser inovador porque pergunta sempre "Qual é a melhor coisa a fazer?" ou "O que vai funcionar?", e isso às vezes o leva a soluções que jamais foram tentadas. Assim, não está preso às maneiras existentes de realizar as coisas.
- Quando você escreve algo, tende a considerar o leitor. Não pensa em termos de "Aqui está a ideia que quero apresentar", e sim em termos de "Você *deveria* fazer isso...". Gosta de ser visto como o especialista e de ser requisitado dessa maneira. O melhor elogio que podem lhe dar é: "Você teve uma ideia ótima, me deu uma visão tão boa da minha situação."
- Você nunca fica desconcertado. Sempre acha que tem uma solução, um modo de avançar. As outras pessoas vão até você porque veem alguém extremamente capaz.
- O que rouba seu tempo são as pessoas que o convidam para almoçar o tempo todo. "O que devo fazer quanto a isso e àquilo?", elas lhe perguntam, e você não consegue deixar de

responder. Consequentemente, corre o risco de não impor a sua vontade. Está tão ocupado dando conselhos que deixa de ouvir a si mesmo. Você pode ser uma presa fácil quando pressionado e quando lhe pedem: "Por favor, me diga o que fazer!" O tempo não lhe pertence.

COMO SE DESCREVER (EM ENTREVISTAS E AVALIAÇÕES DE DESEMPENHO)

- "As pessoas dizem que tenho muito bom senso. Elas sempre me procuram quando querem um conselho sobre a melhor coisa a fazer."
- "Eu me destaco ao decompor problemas complexos e descobrir o que realmente está acontecendo."
- "Adoro ajudar as pessoas a lidar com o que as confunde e descobrir a melhor maneira de agir."
- "Sou muito prático. Para mim, a coisa mais importante é sempre perguntar: 'O que realmente vai funcionar?'"
- "Não estou preso a determinado modo de fazer as coisas. Se o que estamos prestes a realizar tem grandes chances de dar certo, não vejo problemas em explorar terrenos desconhecidos."
- "Descobri que sou a pessoa para a qual a equipe se volta quando está empacada. Eu ajudo meus colegas a avançar."
- "Adoro soluções e sempre sinto que posso chegar a elas, por mais encrencados que estejamos. Sempre encontro uma forma prática de seguir adiante."

COMO CAUSAR UM IMPACTO IMEDIATO

- Você é aquela pessoa rara que se empolga diante dos problemas dos outros. Portanto, para causar um impacto imediato, **procure alguns dos problemas mais difíceis que sua equipe ou um cliente esteja enfrentando e se disponha a enfrentá-los.** Resolver problemas esgota a maior parte das pessoas, mas não você. Isso faz com que se destaque.

- Quanto mais difícil e complexo for o problema, melhor. Uma de suas maiores qualidades é sua capacidade de quebrar um problema complicado em suas partes elementares. Sendo assim, faça muitas perguntas pragmáticas, ignore as generalizações das pessoas e vá diretamente aos fatos. **Mostre a seus colegas como decompor um problema complexo e resolver cada parte separadamente.** Eles se sentirão gratos e você estará no domínio da situação.
- **Marque presença nos momentos mais intensos e cruciais.** Quando as outras pessoas estiverem atônitas e sem saber o que fazer, é aí que você irá se destacar. Você pensa com mais clareza, expressa mais confiança e age com mais decisão do que elas. Mesmo que seus colegas não deixem transparecer, eles anseiam por sua autoconfiança nas situações de maior pressão.
- **Aproveite todas as oportunidades que tiver para explicar como as coisas funcionam** – para um cliente, em uma reunião da equipe ou em uma convenção da empresa. Você expressa mais poder e carisma quando está explicando um processo ou uma situação com o objetivo de que as demais pessoas entendam o que realmente está acontecendo.
- Todo líder de equipe tem certos processos que considera razoáveis, "bons o bastante". Ele acaba tolerando isso porque a equipe está ocupada – "bom o bastante" vai ter que servir por ora. Mas você pode ajudá-lo. **Use um desses processos "bons o bastante" como um projeto paralelo e pense numa solução prática para que ele funcione adequadamente.** Seu chefe pode não entender exatamente como você fez o que fez, mas verá seu gesto como uma boa iniciativa. Como você se sente vivo apenas quando está enfrentando um desafio, pode se ver entediado quando as coisas estiverem se desenvolvendo tranquilamente. "Por que não posso ficar feliz quando as coisas estão dando certo?", você se pergunta, mas é assim que você é. Para evitar o tédio, **encontre uma função na qual seja pago para resolver problemas, reagir a eles**, ou aceite o conceito de *kaizen* – "aperfeiçoamento contínuo" – e concentre-se nas

partes do seu mundo que ainda não são tão eficientes quanto poderiam ser.

COMO ELEVAR SEU DESEMPENHO A OUTRO PATAMAR

- Um Conselheiro precisa de pessoas a quem dar orientação. Analisar é bom e pode ser divertido, mas, quando você perceber que não tem uma plateia para suas conclusões, vai se sentir péssimo. **Certifique-se de estar sempre sendo pago para oferecer suas conclusões a alguém**. Você precisa desse "alguém", desse "sofredor com um dilema", para provar a si mesmo que é útil. E inteligente.
- Você é o tipo de pessoa que respeita especialistas. Isso porque os especialistas estudam profundamente os assuntos e podem apontar quais detalhes fazem a diferença, quais distinções importam. Você admira muito esse tipo de investigação. **Assim, alie-se a alguns especialistas cuidadosamente escolhidos no seu ramo de atuação**. Passe tempo com eles. Leia seus artigos e livros. Ofereça ajuda em seus próximos projetos. A visão pragmática dessas pessoas o deixará intrigado e inspirado.
- **Torne-se um especialista credenciado**. Escolha uma área e depois construa sua carreira em torno do aprofundamento de sua compreensão sobre o assunto. Busque todas as qualificações acadêmicas e profissionais disponíveis no seu campo de atuação. O sucesso em longo prazo na sua carreira depende de sua reputação e, goste ou não – na verdade, você gosta –, esse tipo de qualificação, ostentada publicamente, aumenta muito a sua credibilidade.
- Essas qualificações também lhe fornecerão conhecimento dos detalhes e, como Conselheiro, **você faz maravilhas com eles**. Os detalhes desaparecem na mente de algumas pessoas, perdidos em meio a teorias e conceitos ainda mais complicados. Mas isso não acontece a você. Seu controle dos detalhes fica claro e todos nós o vemos. Quanto mais estuda um assunto, mais aguçadas e sutis se tornam suas distinções. Como sua

mente usa, por instinto, essas distinções para solucionar os problemas alheios – "O que é único nesta situação é o elemento X, e é justamente por isso que você tem que fazer Y, e não Z" –, seu conhecimento aprofundado torna seus conselhos muito mais criteriosos e eficientes.

- Você se destaca quando vê as pessoas se beneficiando do seu perfil de Conselheiro. Assim, à medida que sua carreira avançar, **busque plateias mais exigentes**. "Mais exigentes" pode significar "mais amplas" – considere ter suas ideias publicadas em blogs, em artigos ou até mesmo em livros. Pode significar também uma plateia mais específica – um grupo de colegas ou seus clientes mais valiosos –, mais poderosa – os principais executivos de uma empresa ou as maiores autoridades do governo – ou até uma que faça você se arriscar – como no lançamento de um empreendimento ou num discurso para a segurança nacional.
- Você sempre se destacará quando o caminho à frente parecer incerto e alguém precisar abordar um assunto, avaliar todos os fatos disponíveis e chegar a uma decisão. **Empresas recém-criadas combinam perfeitamente com essa descrição**. Sua carreira pode muito bem estar nas *startups* que necessitam do seu dom específico para tomar decisões pragmáticas.

COM QUE VOCÊ PRECISA TOMAR CUIDADO

- Tome cuidado para não ser visto como um sabichão. Alguns Conselheiros exageram porque não só agem como se tivessem as respostas para tudo, como também parecem certos demais de suas afirmações. Para evitar isso, antes de dizer o que você sabe ser a resposta correta, **habitue-se a fazer várias perguntas**. Mesmo depois de enunciar sua primeira pergunta e de achar que sabe qual é o melhor caminho a seguir, pergunte mais coisas. Para que a outra pessoa aceite seu conselho, ela precisará sentir que você realmente levantou todas as informações sobre a situação dela.

- Você não se destaca administrando operações já existentes. Isso o deixa entediado. Você é uma pessoa que dá início às coisas, que gosta de reviravoltas. **Não é um construtor.** Por isso não se deixe ser escalado como tal.
- **Não aceite ser promovido para um cargo distante demais da ação.** Resolver problemas é a razão da sua vida. Por mais dinheiro que lhe ofereçam, por mais sedutor que possa ser seu cargo, você não se sentirá satisfeito se tiver que delegar esse tipo de trabalho.
- Não se torne desleixado. Se você não tomar cuidado, acabará tão atraído pelo desafio de resolver os problemas das outras pessoas que irá negligenciar os seus e deixar que se acumulem. É provável que nem se dê conta disso – os desafios das outras pessoas são tão fascinantes! –, mas aos poucos a pressão aumenta, até que um dia você acorda e se percebe sufocado sob o peso das próprias questões não resolvidas. Nesse momento, sua reação instintiva será o ressentimento ("Por que vocês tomam todo o meu tempo?") ou a autocrítica ("Sou tão idiota. Por que deixo as pessoas abusarem da minha boa vontade?"), ou ambos. Para evitar esse tipo de reação, **reserve uma hora por mês para resolver um de seus próprios problemas mais urgentes e depois se certifique de conversar com pelo menos uma pessoa afetada por esse problema.** Você só se levará a sério se vir que mais alguém está contando com a sua inteligência.

DESTACANDO-SE COMO LÍDER

Conselheiro: Seu ponto forte é a autoconfiança. Você nos parece um líder extremamente capaz: intuitivo, com opiniões fortes, seguro. Por isso recorremos a você para a solução de nossos problemas.

- Gostamos que você lidere dando o exemplo. Nenhum trabalho lhe parece pequeno demais. Nenhum problema é indigno da sua atenção. Você nos mostra que uma grande equipe é construída com base em várias decisões pequenas, inteligentes e detalhadas.

- Nossos clientes querem que nos antecipemos às suas necessidades – lembre-se disso. Conhecemos nossos produtos ou serviços melhor que eles. Temos certeza do que funciona bem e das coisas contra as quais devemos nos precaver. O poder da sua equipe está no fato de saber quais clientes podem querer essas informações e de compartilhá-las com eles antes mesmo que peçam.
- Precisamos entender por que estamos mudando alguma coisa e ser convencidos de que a mudança é uma boa ideia. Às vezes parece que você quer uma mudança apenas por querer. Você obterá o melhor de nós somente se reservar um tempo para nos mostrar que a situação atual está mesmo em risco.
- Resista à tentação de resolver todos os nossos problemas. Sabemos que é capaz disso, mas se você sempre intervier para nos ajudar, nunca aprenderemos a resolver os problemas nós mesmos. Apesar de confiarmos na sua capacidade e de isso nos dar segurança, há momentos em que simplesmente gostamos da liberdade de descobrir sozinhos como agir.
- Quando o caminho não está claro, contamos com você para nos fornecer informações específicas – em termos de objetivos, etapas a seguir e informações sobre o que encontraremos quando chegarmos ao fim. Isso é muito valioso para nós. Continue nos mostrando o caminho.
- Claro que você nunca precisará fingir que é autoconfiante, mas, de vez em quando, tempere essa segurança com um pouco de autodepreciação. Isso fará com que nos sintamos mais próximos de você e irá humanizá-lo.

DESTACANDO-SE COMO GERENTE

Conselheiro: Seu ponto forte é o bom senso. Eu recorro a você para considerar hipóteses reais. Você é meu interlocutor mais pragmático.

- Confio nas suas recomendações porque você é especialista na maioria dos assuntos. Sei que pesquisou o assunto ou que está falando por experiência própria. Isso me dá muita segurança. Convide-me a compartilhar minhas ideias ou suposições. Preciso saber que minha experiência única também tem valor.
- Encoraje-me a fazer cursos específicos do nosso setor que possam aprofundar meu conhecimento. Depois converse comigo sobre como o que aprendi pode ajudar meus colegas ou clientes.
- Gosto de como você é pragmático ao me recompensar. Quando sou recompensado, você não me oferece algo genérico, como um vale-presente. Em vez disso, me dá algo útil: melhora meu turno ou adquire um recurso que tenho pedido há tempos. Isso me diz que você entende como é minha vida.
- Você é decidido. Isso mantém as coisas em movimento. Poderia ser bom para mim diminuir um pouco a velocidade a fim de que eu pudesse avaliar o meu progresso e ter certeza de que ainda estou na direção certa.
- Eu lhe confio meus problemas. Sinto-me seguro levando-os até você. Você me dá excelentes conselhos. Encoraja-me a apresentar soluções junto com meus problemas. Pergunte-me: "No que já pensou?" ou "O que acha que deveria fazer?".
- Acho ótimo que você seja prático e decidido, pois as coisas são feitas. Mas de vez em quando me dê espaço para formular hipóteses. Permita que eu use minha própria criatividade.

DESTACANDO-SE COMO VENDEDOR

Conselheiro: Seu ponto forte é a capacidade de explicar precisamente por que seu produto ou solução são únicos. Você destaca características distintivas com intensidade e clareza.

- Torne-se especialista nos produtos ou serviços dos seus concorrentes. Ajude-me, seu cliente em potencial, a ver e a entender as principais diferenças entre a sua oferta e a dos demais vendedores. Você se destacará explicando essa sutilezas.

- Dê-me um processo lógico que me ajude a considerar minhas opções enquanto enfrento um problema. Sempre vou admirar o cuidado e a racionalidade que você demonstra ao analisar comigo os detalhes de determinado assunto.
- Em todas as reuniões, venha munido com mais de uma abordagem para o desafio que estou enfrentando. Você se torna ainda mais persuasivo quando me mostra que avaliou uma opção em comparação com outra. Nem sempre concordarei com você, mas observá-lo analisando profundamente as opções me ajuda a entendê-las melhor.
- Com o tempo, acabarei recorrendo a você para obter ideias em tempos de incerteza. Nessas situações, ofereça-se como fonte confiável na sua área de especialidade. (Mas tome cuidado para não orientar decisões em campos nos quais você não é qualificado.)
- Deixe-me saber que você conhece profundamente meus desafios ou os desafios específicos da minha empresa. Mesmo que ainda não tenha feito negócio com você, o fato de me apresentar soluções únicas para os problemas que meu atual fornecedor está tentando me ajudar a resolver pode ser exatamente aquilo de que eu preciso para mudar de fornecedor. Mostre que você me conhece.

DESTACANDO-SE NO ATENDIMENTO AO CLIENTE

Conselheiro: Seu ponto forte são os conselhos específicos e claros.

- Você não se esquiva de um problema que eu, seu cliente, possa ter tido com seu produto ou serviço. Ao contrário: você o confronta e, o mais importante, me sugere algo concreto que eu possa implementar. Do meu ponto de vista, quanto mais realista você for, melhor.

- Você sempre parece se antecipar às minhas necessidades. Já pesquisou minha situação, apontou as oportunidades práticas, identificou os obstáculos em potencial e, com muita frequência, traçou caminhos alternativos. Todo esse trabalho prévio aumenta minha confiança em você e na sua equipe.
- Limite minhas escolhas, dizendo algo como "Faça isto ou faça aquilo". Essa abordagem direta funciona para você – e para mim. Ela mantém as coisas simples e evita que eu me questione depois.
- Deixe claro quando acreditar que tomei uma decisão de compra errada e me redirecione a algo que atenda mais satisfatoriamente às minhas necessidades. Certifique-se de me dar pelo menos três razões sólidas para esse conselho.
- Conheça o produto ou serviço em profundidade. Compartilhe seus detalhes comigo. Talvez eu não entenda exatamente o que você está dizendo, mas, quanto mais óbvio for seu conhecimento, mais eu confiarei em você.
- Seja honesto quando não souber a resposta ou for incapaz de resolver meu problema imediatamente. Admiro sua confiança, mas a minha desaparecerá num instante se eu perceber que você está me enrolando.
- Fale a minha língua. Aprenda os termos que uso para descrever meu mundo e faça questão de sempre usar essa terminologia quando estiver trabalhando comigo. Isso mostra que você sabe que cada cliente é único e que cuida dessa exclusividade.

Criador

DEFINIÇÃO

Você começa perguntando: "*O que eu entendo?*" Não é imune aos sentimentos e perspectivas dos outros, mas seu ponto de partida é o que você mesmo pensa e compreende. Você vê o mundo como uma série de colisões entre partes e interesses conflitantes e se sente impelido a entender todo o cenário. Para você, não há nada mais emocionante do que encontrar um padrão por trás das complexidades da vida, um conceito essencial que possa explicar por que as coisas acontecem de determinada maneira ou, melhor ainda, explicar como *irão* acontecer.

Você é uma pessoa ponderada, que precisa de tempo sozinho para meditar e refletir. Sem isso, os acontecimentos se amontoam perigosamente sobre você e sua confusão começa a sufocá-lo. Por isso você procura ter tempo para si mesmo – de manhã bem cedo, à noite, durante longas caminhadas –, aproveitando-o para organizar os pensamentos.

Você é uma pessoa criativa. A forma que essa criatividade irá assumir dependerá de seus demais talentos e qualidades, mas, escrevendo, pintando, cantando, concluindo projetos ou realizando apresentações, você gosta de fazer as coisas. Cada criação que faz é um sinal tangível de que compreendeu o mundo, de que organizou o caos de alguma maneira útil. Você reflete sobre o que fez, sente prazer pelo que passou a entender e depois parte para a próxima criação.

VOCÊ NO SEU MELHOR MOMENTO

- Seu poder surge da compreensão das coisas.
- Quando você observa o mundo, não consegue deixar de ver o que se passa sob a superfície, de procurar os padrões ocultos que tanto o intrigam. Eles irão ajudá-lo a explicar (para si mesmo, assim como para qualquer pessoa) o que está acontecendo.
- É por essa razão que você gosta de conceitos, a melhor explicação para a maioria dos acontecimentos. Seu mundo é repleto dos conceitos que você adquiriu por meio da observação.
- Você tem muito orgulho de suas ideias, por isso as protege. Elas são sua melhor expressão.
- Você fica perdido se não compreende o que está acontecendo. Quando enfrenta situações desconhecidas, precisa de tempo – para processar, observar, fazer perguntas, considerar tudo. "Não me peça para tirar conclusões precipitadas", você reclama. "Deixe-me pensar com calma."
- Você não gosta de surpresas. Detesta inventar coisas à medida que avança. Quando cria – e você realmente gosta de criar –, só o faz depois de ter tido tempo para absorver e processar.
- Sim, você é criativo, mas não inventa produtos do nada. Você decompõe as coisas e isso permite que as reconfigure de outro modo. Está sempre vendo e observando, para que possa identificar os elementos básicos de cada item.
- Você não se incomoda com a ambiguidade ou com as falhas dos dados. Em vez disso, cria instintivamente teorias a partir dos fatos que tem à disposição e depois permite que uma delas preencha as lacunas. Assim, seu raciocínio se baseia em conclusões, não em deduções.
- Você é propenso a ter ideias instantâneas sobre a melhor maneira de fazer e de apresentar as coisas. Ao refletir sobre isso depois, não consegue explicar de onde vêm essas ideias, mas assim que elas surgem em sua mente fica impossível

esquecê-las. A necessidade de torná-las reais o impulsiona. (Assim que tiver essa ideia instantânea, você precisará de um parceiro que o ajude a trabalhar de forma reversa, a fim de compreender a sequência passo a passo necessária à sua concretização.)

- Você é incansável. Por mais que a princípio não se apresse, à medida que se dedica a pensar no assunto os padrões emergem e dão origem a teorias. Estas geram novas ideias e, de repente, você se vê sendo conduzido por imagens mentais. Você demora um pouco a começar, mas, depois que começa, não para mais.

COMO SE DESCREVER (EM ENTREVISTAS E AVALIAÇÕES DE DESEMPENHO)

- "Dizem que sou uma pessoa muito criativa, sempre procurando maneiras mais eficientes de fazer as coisas."
- "Adoro teorias e conceitos. As pessoas costumam me procurar quando querem alguém que explique por que algo acontece de determinado modo."
- "Eu pergunto muito 'Por quê?'. Reconheço que isso às vezes pode ser irritante, mas não consigo evitar. Sou o tipo de pessoa que odeia suposições. Preciso chegar à raiz das coisas e entender por que elas são como são."
- "Mostro minhas qualidades quando estou analisando o que aconteceu e por que aconteceu."
- "Leio muito – tanto ficção quanto não ficção. Além de gostar desse hábito, sinto que ele faz minhas ideias se multiplicarem."
- "Alguém certa vez me disse que a criatividade só surge na mente preparada – por isso tenho hábito de ler, estudar e fazer perguntas."
- "Não gosto de apressar as coisas. Não sou uma pessoa do tipo 'preparar, apontar, fogo!'. Faço mais o tipo 'estudar, preparar, apontar, fogo, estudar novamente'."

COMO CAUSAR UM IMPACTO IMEDIATO

- Vai levar algum tempo até você notar toda a extensão do impacto que causa nas pessoas. Antes de se sentir confiante para agir, você precisa entender as forças que estão em jogo e o modo como elas se combinam para criar padrões. Esse tipo de reconhecimento leva tempo. Você precisa desse tempo. **Tenha paciência.**
- Você não pode forçar o reconhecimento dos padrões, mas pode acelerar o processo. Assim, independentemente de suas outras responsabilidades profissionais, **obrigue-se a desvendar os padrões.** Que dados analisará como o objeto de entender o que realmente está acontecendo? Que resultados se repetem? Se você vê uma variação na produtividade de uma pessoa em relação a outra – ou de uma equipe em relação a outra –, é capaz de identificar o principal motivador dessa variação? Investigue esses sinais, de modo que consiga desvendar os padrões.
- Quando se sentir preparado, escolha uma área cujos padrões importantes você já tenha decodificado e, então, **use sua compreensão sobre eles para mostrar a seus colegas um modo melhor de realizar as coisas.** Assim, você logo tornará útil seu conhecimento. Existe certa pressão nisso – você será capaz de aperfeiçoar seu raciocínio de modo que ele seja claro e pragmático? –, mas você acha que isso é positivo e até mesmo divertido. Suas ideias não serão necessariamente aceitas de imediato, mas sua reputação de pessoa ponderada terá começado a se estabelecer.
- Se sua ideia inicial for rejeitada, encontre outro lugar ou situação em que seu primeiro conceito-chave também possa ser aplicado. **O poder do conhecimento está na possibilidade de ser transferido de uma situação para outra.**
- Como qualquer Criador, é sua responsabilidade **descobrir a sua matéria-prima.** Um Criador tem que ser bom no manuseio de alguma coisa. Então, qual é o seu nicho? São palavras, dados, transações? Ou algo tangível, como comida, cores ou metais?

- Seja o que for, **você sabe se, na sua área de escolha, você é um Criador que adora novidades ou um Criador que gosta de se aprofundar?** Nenhum dos dois é melhor ou pior, mas com certeza você se verá mais atraído por um ou por outro. Se gostar de novidades, então vai querer cultivar a reputação de alguém que aprende rápido – "Dê-me informações, e eu logo encontrarei os padrões". Se gostar de se aprofundar, então assuma a responsabilidade de mostrar seu domínio do assunto – aprenda o jargão, leia os artigos, as pesquisas e os trabalhos mais recentes e resista à tentação de se ater a outros tópicos.
- **Produza sempre**. Claro que você se sente motivado a produzir, a criar algo, mas sua produção e seus achados também são matérias-primas para criações futuras. Sua produção mostrará a você (e aos outros) o que entendeu, os padrões que descobriu e reorganizou e, quando você enxergar esse resultado, ele impulsionará seu raciocínio e lhe dará fôlego para descobrir novos padrões e fazer diferentes reorganizações. Um Criador sempre deve expressar – "pôr para fora" – os padrões que vê.
- **Conheça sua plateia**. Para quem você está produzindo? Você organizou seu mundo de modo a estar constantemente ouvindo a reação desse alguém à sua produção? A reação dos outros, positiva ou não, será alimento para seu moinho criativo. "A que, exatamente, eles estão reagindo?", você se perguntará. Nem sempre irá concordar nem ao menos acreditar na reação deles, mas, ainda assim, isso lhe dará uma rica matéria-prima com a qual trabalhar.
- **Leia**. Permaneça atualizado em relação a novas tendências, pesquisas ou práticas do nicho que escolher. Você precisa saber quem são os Criadores mais importantes e como eles estão pensando o mundo.

COMO ELEVAR SEU DESEMPENHO A OUTRO PATAMAR

- **Reserve um tempo para pensar**. Você necessita de tempo sozinho para deixar sua mente analisar as coisas que viu e vivenciou. Esse período de reflexão é fundamental para o seu bem-estar – sem ele, você se sente confuso e tenso. Também é essencial à sua produtividade – é o terreno no qual nascerão novas ideias e descobertas. Leve isso muito a sério. Outras pessoas não precisam desse tempo e talvez não entendam sua necessidade. Por isso, inclua-o na sua programação semanal e respeite-o religiosamente. Não tem que ser um compromisso tão frequente a ponto de interferir no seu trabalho diário. Basta que seja previsível – você se sente mais aliviado quando sabe que a hora de reflexão está chegando.

- Como Criador, você terá que **descobrir como tomar posse de suas criações.** Num extremo, isso talvez signifique trabalhar somente em áreas nas quais possa deter a propriedade intelectual daquilo que cria, como jornalismo ou entretenimento. Ou você pode trabalhar numa grande empresa se eles permitirem que assine artigos ou registre patentes. Se nenhum desses casos for possível, corra atrás de outra maneira de "assinar" seu trabalho.
- **Crie um fórum de experiências seguras**, um lugar em que você possa compartilhar padrões novos, ainda que frágeis, de conhecimento. Pode ser um fórum de pensadores da sua área de atuação ou um grupo de estudos informal em sua empresa. Seja o que for, ele deve ser composto de pessoas que o questionem e o desafiem sem outro objetivo que não seja ajudá-lo a reforçar (ou a refutar) o seu conhecimento. Isso se tornará seu campo de testes.
- **Projete-se.** Qual é a sua "criação" mais influente, aquela que sofre mais exposição e corre mais risco, ainda que com um grande potencial de sucesso? Em outras palavras, qual é o seu golpe de mestre?
- **Aproxime-se do território inimigo.** Crie deliberadamente uma relação com as pessoas que não enxergam as coisas como você. Elas podem desconfiar de sua visão e menosprezar seu trabalho. Tudo bem, porque você tem o direito de

discordar delas. A vantagem de se expor aos críticos é correr menos risco de se deixar levar pela vaidade.

- Nesse território inimigo, **procure provas que contradigam sua crença.** Diante disso, você terá três opções: se tornar mais articulado ao explicar seu ponto de vista, desprezar a prova em contrário ou ampliar sua visão a fim de incorporar a nova informação. Em qualquer caso, o saldo será positivo.

COM QUE VOCÊ PRECISA TOMAR CUIDADO

- Enquanto estuda seu mundo e descobre os padrões, você ainda precisa produzir. O mundo não vai esperar que você o compreenda por completo – nem seus colegas, tampouco seus clientes. Portanto, **sejam quais forem os padrões que você procura, vai ter que descobri-los sem parar de fazer o que está fazendo.**
- As demais pessoas podem se sentir desestimuladas ou decepcionadas com as ideias que não dão muito certo. Caberá a você **mostrar a elas que a própria experiência tem valor, independentemente do resultado**. Antes de apresentar sua ideia, descreva em detalhes o que seria possível aprender mesmo com o pior dos resultados.
- **Nunca conquiste a reputação de ser o principal "defensor da ideia"**. O defensor da ideia é alguém de quem sempre se obtém a mesma resposta, a pessoa cuja criatividade está em risco e que se fechou para novas informações. Você não quer ser essa pessoa. Seu desejo é ser visto como alguém que, apesar de suas visões e ideias firmes, está sempre aberto a novos dados, provas e padrões de compreensão.
- Dito isso, lembre-se de que ser **aberto, nesse caso, significa mostrar curiosidade**, e não aceitação imediata. O equilíbrio que você deve buscar é entre a teimosia, num dos extremos, e a teoria monótona, no outro. Tendemos a evitar os teimosos e ficamos desconfiados diante de teorias fracas. O meio-termo perfeito é ser visto como alguém curioso.

DESTACANDO-SE COMO LÍDER

Criador: Seu ponto forte é a capacidade de refletir profundamente sobre as coisas. Como nosso líder, vemos sua mente em funcionamento, e isso nos dá confiança. Sabemos que você compreenderá os acontecimentos de uma maneira nova.

- Você tem ideias incríveis. Compartilhe sua visão conosco. Qual será sua próxima criação? Em que está mais interessado? Por que devemos segui-lo?
- Você se destaca por manter a simplicidade das coisas. Não precisa de gráficos complexos nem de jargões. Quando estabelecer um objetivo, deixe claro para nós por que isso será importante e que papel exerceremos no processo. Depois, mantenha esse objetivo diante de nós e conecte todas as coisas a ele. Mostre-nos como tudo está unido.
- Demonstre sua paixão pela experiência do cliente. Mostre-nos como pode ser simples e fácil fazer com que ele se sinta especial. Iremos compartilhar essas histórias com os colegas. Ficamos orgulhosos de seguir um líder que contorna a complexidade e revela como pode ser simples fazer a coisa certa.
- Confie em nós. Às vezes sua necessidade de compreender tudo o que está acontecendo e de controlar o processo nos desacelera. Não nos importamos de relatar nosso progresso, mas isso pode nos impedir de realizar o trabalho. Você contratou pessoas muito boas, então deixe-nos provar nosso valor.
- Nós nos sentimos seguros com seu caráter ponderado. Sabemos que fez milhões de perguntas antes de apresentar uma solução ou ideia. Adoraríamos acompanhar seu processo ou, melhor ainda, ser incluídos nele quando possível. Nós nos sentimos muito mais conectados ao trabalho quando nossa voz é ouvida.
- Ensine e dê o exemplo de que, quando sincera, a melhor resposta é "Não sei, mas vou descobrir". Apreciamos sua humildade, o fato de não ter expectativas exageradas sobre si

mesmo ou sobre qualquer um de nós. Essa vulnerabilidade facilita nossa conexão com você. Além disso, quando você se submete aos seus especialistas, gera oportunidades para que outros membros da equipe se destaquem.

- Às vezes você se isola. Sabemos que faz isso porque sua mente precisa de solidão para ser produtiva. Apenas se certifique de retornar ao nosso convívio por tempo suficiente para que possamos estabelecer um vínculo com você. A sensação que você cria nos estimula. Precisamos vê-lo.

DESTACANDO-SE COMO GERENTE

Criador: Seu ponto forte é o tempo que você me dá – para ouvir, para pensar. Para entender antes de chegar a conclusões.

- Quando surgir um problema, reserve um tempo para considerar todas as abordagens e descobrir o que foi feito até agora para solucioná-lo. Gosto disso porque, quando algo dá errado, você não começa imediatamente a resolver as coisas, mas reconhece e valoriza meus esforços.
- Busque oportunidades espontâneas para nos explicar como nossas ações e esforços estão fazendo diferença para os clientes. Continue ligando o que fazemos ao porquê do nosso trabalho. Nós, seus funcionários, não iremos para outra empresa que nos pague um pouco mais se soubermos que fazemos aqui algo realmente importante.
- Seja muito claro e consistente quanto às suas expectativas. Podemos repetir o que ouvimos para que você se certifique de que entendemos tudo. Com essa clareza em mente, ao nos desviarmos do rumo poderemos nos corrigir antes que você precise intervir. Nenhuma correção de rumo deve ser uma surpresa.
- Você cria entusiasmo. É incrível estar a bordo depois que uma de suas ideias decola. Continue expressando o que vê, e eu continuarei apoiando nosso progresso.

- Quero aprender com você. Seu jeito de decompor e resolver problemas, de ver padrões em meio aos dados mais complexos me fascina. Deixe-me espiar os bastidores: compartilhe seu processo.
- Dê crédito a quem o merece. Mesmo que a ideia inicial seja sua, é realmente importante para mim ouvi-lo reconhecer minha contribuição e a contribuição dos meus colegas de equipe.

DESTACANDO-SE COMO VENDEDOR

Criador: Seu ponto forte é a sofisticação. Você se destacará como vendedor por meio da escolha exata do momento de agir. Você sabe ouvir e entender completamente a situação antes de apresentar seu ponto de vista.

- Eu, seu cliente em potencial, adoro seu equilíbrio e seu estilo. Como você é ponderado e tem a mente aberta, sinto-me à vontade para discutir minha situação com você. Inicie essas conversas comigo e permita que eu fale. Chegarei às minhas próprias conclusões. Você será meu orientador.
- Você precisa de tempo para pensar. Honre essa necessidade e arrume espaço na sua agenda para refletir sobre o dia. A partir dessas reflexões surgirão ideias e alternativas que nem seu concorrente nem eu teremos cogitado.
- Em determinado ponto, vou precisar que você faça uma recomendação firme. Sua necessidade de considerar todas as situações e possibilidades pode, às vezes, impedi-lo de defender seu ponto de vista com convicção. Passe por cima das hipóteses e probabilidades. Você já pensou em tudo, e agora é sua vez de transformar sua visão em realidade.
- Escolha oportunidades de negócios que requeiram um conhecimento mais profundo. Você irá prosperar mais quando minha situação e a venda relacionada a ela forem complexas. Assim, estará livre para fazer suas investigações, analisar minha situação cuidadosamente e apontar com precisão por

que estou em dificuldades e como você pode me ajudar mais satisfatoriamente.

- Apesar de apreciar o fato de você me apresentar soluções para minhas necessidades atuais, o mais valioso é o modo como me faz pensar também nas necessidades futuras. Continue me dizendo como os passos que estou dando hoje estão me preparando para o que está por vir.

DESTACANDO-SE NO ATENDIMENTO AO CLIENTE

Criador: Seu ponto forte é o fato de você querer descobrir a raiz das minhas necessidades com calma. Você não se precipita e não me empurra uma resposta consoladora.

- Você sempre faz perguntas relevantes. Cultive esse talento, já que isso me mostra que é mesmo curioso e tem interesse em resolver meu problema. Não ficarei com a impressão de que está seguindo um pacote de regras qualquer. Em vez disso, você vai fazer com que eu sinta que minha situação é especial.
- Você acrescenta ponderação ao seu serviço. Não estou dizendo que seja cauteloso – apesar de poder ser –, mas que vejo suas engrenagens mentais em funcionamento. Quando estiver pronto, compartilhe seu raciocínio comigo. Diga-me a que conclusão você chegou.
- Admiro sua calma. Por mais irritado que eu esteja, você consegue se manter tranquilo. Por outro lado, às vezes um senso de urgência é bem-vindo. Apesar de ter certeza de que você está trabalhando no meu caso, procure-me com atualizações, com o objetivo de me assegurar que ainda está cuidando dele.
- Confie no seu instinto. Só porque a solução que você idealizou não é ortodoxa, isso não significa que ela não esteja certa. Como seu cliente, sempre apreciarei sinais de que você está ultrapassando limites a fim de resolver meu problema.
- Pergunte "O que está dando certo?" com a mesma frequência com que pergunta "O que deu errado?". Se você fica preso

demais à solução de problemas, ignoro sua capacidade de perceber oportunidades de crescimento. Poupe-me dos detalhes triviais e me mantenha atento às possibilidades mais relevantes.

Entusiasta

DEFINIÇÃO

Você começa perguntando: "*Como posso aumentar a motivação?*" Tem a exata noção da energia dominante no ambiente e se sente impelido a fazer o que pode para aumentá-la. Você faz isso com sua visão de mundo – é naturalmente otimista –, com suas ações – você assume o lugar à frente da turma, levanta a mão e faz perguntas, pede que os outros contribuam e sejam voluntários – e com seu humor.

Como está sempre animado, atrai as pessoas. Mesmo que o mundo as maltrate, elas sabem que, em você, encontrarão a força para se levantar. Você não é tolerante nem gentil. Em vez disso, desafia os outros a liberar o próprio potencial e fica impaciente quando alguém se recusa a fazê-lo, sugando sua energia sem gerar nada em troca. Mas outras pessoas continuarão a se aproximar de você porque sentem que, no íntimo, você não consegue deixar de encorajá-las. Elas percebem que sua reação natural é valorizar o que há de bom nelas e ressaltar seus pontos fortes e realizações. Até mesmo nos seus piores dias você é assim.

VOCÊ NO SEU MELHOR MOMENTO

- Você se atém naturalmente ao que há de melhor nas pessoas e ao que está dando certo para elas.
- Você é emotivo. Suas emoções podem oscilar muito, mas no fim voltam a se estabilizar.
- Você extrai sua força das outras pessoas. Percebe os sentimentos delas e não se contém: sente-se impelido a usar

essas emoções de algum modo e a animá-las. Os outros o consideram divertido, encorajador e, nos seus melhores dias, inspirador.

- Você é um anfitrião nato – não necessariamente de festas, mas dos sentimentos das outras pessoas. Sente-se responsável por eles, por elevá-los. É especialista em causar reviravoltas nas emoções.
- Você faz com que sua presença seja notada. Em qualquer lugar, está presente e focado. A reunião não começa de verdade até que você chegue, e a energia diminui quando você vai embora.
- Você é um ímã. A lacuna emocional das pessoas o esvazia. Elas percebem que você automaticamente a preenche e por isso se aproximam de você.
- Você gosta de reuniões. Como transpira energia, quanto mais pessoas numa reunião ou evento, mais energizado você se sente.
- O mundo é um palco para você. Sabe muito bem que as pessoas estão olhando na sua direção e se sentem afetadas por sua presença. Por isso presta atenção na própria aparência, no próprio comportamento e na maneira como se apresenta num ambiente.
- Durante um evento ou uma reunião, você presta atenção em todos os aspectos do "espetáculo". Gosta de escolher o assunto, as lembrancinhas, as cores da decoração e todos os elementos que possam inspirar as pessoas e ajudá-las a se divertir. Você usará fantasias, assumirá a liderança nas atividades e estará pronto para subir ao palco a qualquer momento.
- Você é exuberante e pode se deixar levar pela emoção do momento. Quando está ensinando, treinando, vendendo (ou em qualquer outra atividade), tende a sair do roteiro. Você se livra do material recomendado e permite que as pessoas sigam para onde o entusiasmo as levar. Você acredita que, entusiasmadas, elas aprendem mais, criam mais e realizam mais.

COMO SE DESCREVER (EM ENTREVISTAS E AVALIAÇÕES DE DESEMPENHO)

- "As pessoas dizem que sou divertido."
- "Eu me destaco quando deixo as pessoas entusiasmadas com o que elas farão em seguida. Teve uma vez que..."
- "Sou um otimista incurável. Acredito que seja possível encontrar o lado bom em praticamente toda situação, e estou determinado a ser a pessoa a encontrá-lo."
- "Meus melhores momentos se dão quando consigo reunir as pessoas para nos divertirmos e celebrarmos juntos."
- "Acho que os outros se surpreendem com o que podem conseguir quando estão estimulados. Gosto de ser a pessoa que os motiva."
- "Preciso estar rodeado de gente o tempo todo."

COMO CAUSAR UM IMPACTO IMEDIATO

- Você é um sopro de ar fresco em qualquer equipe porque sua primeira reação diante de um comentário ou ponto de vista é afirmativa. Você concorda com a cabeça. Sorri. Encoraja. **Use esse ponto forte**. Ele estimulará as pessoas a se tornarem cada vez mais abertas. Claro que você pode não concordar com tudo o que lhe dizem, mas, como começa respeitando a verdade dos outros, cria um cenário de colaboração melhor no futuro.
- Você gosta de saber que ajudou as pessoas. Portanto, **tente se envolver nas situações em que saberá de imediato se de fato foi capaz de dar às pessoas o que elas desejavam**. Seu combustível são as risadas, os sorrisos, as lágrimas, as transformações e as realizações dos outros. Claro que isso envolve algum risco – talvez ninguém chegue a chorar ou a se transformar – e a maioria das pessoas se afasta desse tipo de situação. Mas não você. Assim, ofereça-se para essa função de "alto risco", e você não só se sentirá mais vivo, como também conquistará o respeito dos colegas.

- Como você demonstra uma visão de mundo muito positiva, pode ser considerado fútil e frívolo, a princípio. Para compensar isso, **sustente sua energia positiva com fatos e dados que validem suas opiniões.** Isso ajudará os outros a perceber que há conteúdo por trás do entusiasmo, e assim você conquistará a tão necessária credibilidade.
- Você vê o melhor em todas as pessoas. Por isso **chame para si a responsabilidade de dar a seus colegas um feedback detalhado.** Surpreenda-os fazendo algo muito bem e depois lembre isso. Diga-lhes o que viu, por que ficou impressionado, quem se beneficiou de determinada ação. Você não é um bajulador falso, mas um espectador atento e generoso. Seus colegas podem realizar mais com esse tipo de atenção – ela irá estimulá-los a repetir seus melhores desempenhos.
- Sua energia impulsiona as pessoas rumo a resultados específicos. **Coloque-se em situações nas quais já existam objetivos claros.** Orientado por eles, sua energia terá um canal natural por onde fluir e será considerada fundamental para fazer com que algo aconteça. Oriente-se dessa maneira e você conquistará a reputação de pessoa *produtiva*, além de divertida.

COMO ELEVAR SEU DESEMPENHO A OUTRO PATAMAR

- Com o tempo as pessoas passarão a procurá-lo para ter o ânimo elevado. Esse é um dom maravilhoso, mas, a fim de garantir que você continue a oferecê-lo, **estabeleça limites para seus amigos e colegas.** Você não pode controlar toda a variação emocional dos outros.
- Você é ótimo ao lidar com pessoas difíceis. **Ofereça-se para situações em que é preciso convencer um sujeito zangado ou teimoso.** Não que você deva necessariamente buscar o conflito – por natureza, você não se comporta assim. Como é inclinado a consertar as coisas, se destaca quando precisa usar todos os meios disponíveis para fazer isso.

- Você se interessa pela energia humana de todos os tipos – emocional, fisiológica e espiritual. **Pesquise esse assunto.** Dependendo da sua personalidade, isso pode significar simplesmente ler algo sobre isso. Ou pode significar criar um sistema para dominar o gerenciamento dos seus níveis de energia. Ou ainda observar outros Entusiastas em ação. Seja qual for seu estilo de pesquisa preferido, continue procurando, e em pouco tempo você encontrará algum novo truque, ideia ou técnica que o ajudará a se aprimorar no que já faz naturalmente.
- Para a maioria dos Entusiastas, a prática leva ao aprendizado. Por isso, continue praticando. **Estabeleça uma rotina na qual você se exponha regularmente e possa então avaliar a reação das pessoas.** Analise se seus dados, histórias e fluxo lógico estão levando o grupo para onde você esperava. Esse tipo de aprendizado com base na realização o deixa mais seguro e faz com que os outros o vejam como alguém digno de confiança.
- **Você precisa se mostrar.** Quais serão os eventos mais animados da semana? Como você pode dar a eles a atenção que merecem? Como pode protegê-los da correria da sua vida? Como pode criar outros parecidos?

COM QUE VOCÊ PRECISA TOMAR CUIDADO

- Assim como você precisa se exibir, também precisa se isolar. **Crie um momento de recolhimento semanal**, em que poderá recuperar a energia com a qual tantos contam. Se não fizer essa pausa, você correrá o risco de entrar em colapso.
- Você é bom em fazer com que as pessoas gostem de você justamente porque se importa com isso. **Não lute contra essa necessidade de ser amado.** Em vez disso, busque posições nas quais o sucesso dependa sobretudo de conquistar a afeição dos outros.

- No entanto, em alguns momentos você levará as coisas para o lado pessoal. Para lutar contra isso, **desenvolva uma técnica que lhe permita passar por cima da desaprovação alheia**. É claro que você se preocupa, e muito, com o que as outras pessoas pensam. Para você, a energia delas – positiva ou negativa – é tangível, física, e, ao contrário dos demais, você se apega a isso naturalmente. Assim, quando se surpreender levando as coisas para o lado pessoal, dê a si mesmo um descanso emocional. Afaste-se da emoção e se obrigue a voltar a atenção ao que há de prático na situação, pensando apenas no que acontecerá em seguida.
- Na sua ânsia de agradar, as pessoas às vezes podem entender que você concorda com elas, mesmo que não concorde. Depois, quando sua verdadeira opinião emergir, elas se sentirão traídas e até mesmo manipuladas. Assim, um de seus maiores desafios na vida será **fazer com que suas opiniões verdadeiras sejam ouvidas**. Você nunca será combativo, mas precisa ser claro. Encontre uma técnica que funcione para você.

DESTACANDO-SE COMO LÍDER

Entusiasta: Seu ponto forte é o gosto pela agitação. Você é o líder que comemora nossos sucessos, que os destaca em meio à confusão do dia a dia e que os reverencia. Sua energia é nosso combustível.

- Você é o instrumento que usamos para medir o entusiasmo em torno de uma ideia. Fique atento à sua energia em qualquer coisa que esteja defendendo. Estamos sempre observando suas reações.
- Temos altas expectativas quando se trata de suas histórias. Você faz relatos animados, com diálogos, drama e detalhes. É um jeito eficiente de despertar nosso interesse, mas certifique-se de que a história seja real. Saberemos quando for ficção.

- Continue em busca de plataformas por meio das quais possa expressar sua visão. Você oferece o que tem de melhor cara a cara, mas, se isso não for possível, encontre outras maneiras de se conectar conosco.
- Faça um esforço para tornar seu local de trabalho mais vivo. O que pode comemorar? Com o que pode se divertir? Que tal uma mascote para a equipe? Ou um apelido? Use qualquer coisa que possa nos animar. É possível que isso pareça forçado para algumas pessoas, mas você é capaz de fazê-lo muito bem – como poucos.
- Ria de si mesmo. Um dos seus pontos fortes como líder é seu humor. Certifique-se de voltá-lo para si mesmo. Adoramos ver isso.
- Encontre heróis na organização e permita que eles contem as próprias histórias. Ressalte imagens da excelência em ação. Use vídeos de colegas e convidados para dar ênfase ao que você quer ver acontecer. Crie um informativo trimestral. Cada uma dessas ações pode tornar a excelência algo palpável para nós.
- Precisamos saber que você irá nos defender. Às vezes, no seu esforço de manter as emoções sempre positivas, você pode parecer uma pessoa subserviente, que aceita certas coisas com as quais na verdade não concorda. Permaneça fiel a seus valores essenciais, e então continuaremos a lutar por você, com você.

DESTACANDO-SE COMO GERENTE

Entusiasta: Seu ponto forte é a capacidade de tornar meu trabalho interessante. Quando o ânimo diminui, você me estimula a dar o máximo de mim.

- Preste atenção nos pequenos acontecimentos da minha vida e dê valor a eles. Se compro um carro novo, mande um vale-combustível para minha casa. Se adoto um animal de estimação, envie um cartão-presente da *petshop*. Se minha filha se forma na escola, dê a ela um exemplar do seu livro preferido.

- Tire-me do escritório para visitar o mundo dos nossos clientes. Afaste-nos do nosso ambiente de trabalho. Transforme o aprendizado numa experiência física.
- Você passa mais tempo focado em desenvolver e alavancar meus pontos fortes do que consertando meus pontos fracos. Busca oportunidades para que eu faça aquilo de que gosto, e eu o admiro por isso.
- Você celebra o que há de bom no mundo. É inspirador trabalhar com alguém que se concentra em aprender com o que está dando certo, e não em criticar e em culpar. Sinto-me mais encorajado a buscar soluções quando sei que você tem esse ponto de vista.
- Sua presença é marcante. Se você está num bom dia, todo mundo sente e se entusiasma. Se não está, todos sofrem junto. Mas não quero que seja falso – então talvez seja bom dar um tempo a si mesmo até recuperar o ânimo.

DESTACANDO-SE COMO VENDEDOR

Entusiasta: Seu ponto forte é a vibração. Você agrega paixão e energia a seus clientes e projetos.

- Você faz diferença em um ambiente. Sua energia, seu sorriso, o tom da sua voz, tudo isso é mais relevante quando eu o vejo cara a cara. Faça o que for preciso para garantir uma reunião presencial.
- Celebre meu sucesso comigo. Mostre-me quais são minhas maiores conquistas. Ajude-me a saber o que deveríamos comemorar – e como.
- Seu dom de gerar energia me estimula a reorientar meu foco e a seguir adiante. Quando a empolgação enfraquece – e isso sempre acontece –, você me dá a paixão de que preciso para reacender a chama.

- Às vezes posso tomar seu entusiasmo por falso. Apoie seus superlativos em fatos, de modo que você não seja visto como uma Poliana. E sempre associe seu reconhecimento e celebração a um sucesso legítimo e mensurável.
- Busque oportunidades de vender em cenários de muita visibilidade: showrooms, exposições, apresentações formais e onde quer que haja muitos refletores, ação e pessoas. O palco vai lhe dar a chance de mostrar seu lado mais criativo e entusiasmado e, por consequência, o ajudará a vender.

DESTACANDO-SE NO ATENDIMENTO AO CLIENTE

Entusiasta: Seu ponto forte é fazer com que minha situação pareça importante. Você lança um holofote sobre meu problema, fazendo-me sentir que ele será levado a sério.

- Você está sempre em contato comigo, encorajando-me a estar mais envolvido com o que acontece na sua empresa do que eu estaria normalmente. Continue assim. Como seu cliente, eu poderia sentir que há uma barreira nos separando, mas você se destaca ao derrubar esse obstáculo e me convidar para conhecer seu mundo. Você me insere na sua "equipe".
- Em vez de tentar me tranquilizar quando algo dá errado, você realmente se solidariza comigo. Só não deixe que isso se transforme numa eterna sessão de lamentos. Tome uma providência assim que possível.
- Apesar de valorizar o entusiasmo com que você trata meu problema, às vezes seria mais útil para nós dois se você demonstrasse uma emoção contrária à minha. Se falo mais alto, você fala mais baixo. Se falo mais rápido, você fala mais devagar. Isso pode ajudar a equilibrar o que pode ser uma reação exagerada da minha parte.
- Você mantém sua intensidade enquanto faz de tudo para solucionar minhas questões. Parece incansável. Gosto de ter

alguém trabalhando duro por mim. Use seu senso de humor para desfazer a tensão, caso ela cresça demais.

- Aproveite sua energia para animar seus colegas. Se mais alguém for convocado para me ajudar, motive-o a agir com a mesma velocidade que você. Adoro quando sinto que há uma equipe mobilizada para me dar assistência, e você, dentre todos, é ótimo em promover a eficiência.
- Em seu esforço para me manter feliz, você pode concordar com medidas que na verdade não tem capacidade de tomar. Como será bem pior ter que voltar atrás num compromisso, seja realista quando oferecer garantias ao cliente. Faça poucas promessas e cumpra todas elas.

Influenciador

DEFINIÇÃO

Você começa perguntando: "*Como posso levá-lo a agir?*" Em praticamente qualquer situação, seus olhos buscam o resultado. Em uma longa reunião de trabalho, ajudando um colega a realizar suas tarefas ou aconselhando um amigo, você mede seu sucesso por sua capacidade de convencer outra pessoa a fazer algo que ela não necessariamente pretendia fazer. Você pode conseguir isso por causa da força dos seus argumentos, de seu charme, de sua inteligência, ou talvez por uma combinação das três coisas. Independentemente do método utilizado, o que de fato importa para você é levar a pessoa a agir.

Você se comporta assim em parte porque enxerga o que acontecerá se o outro não fizer nada, em parte porque instintivamente percebe quando a situação é favorável e fica frustrado quando depara com alguém que atrapalha seu progresso. Mais que tudo, porém, você age dessa forma porque não consegue evitar. Acha divertido influenciar o comportamento das outras pessoas por meio do poder da sua personalidade. É desafiador, misterioso, emocionante, e isso, claro, faz com que coisas boas aconteçam.

VOCÊ NO SEU MELHOR MOMENTO

- Em qualquer situação, você concentra suas atenções na ação. "O que podemos *fazer*?" Esta é sua pergunta de praxe.
- Você é, em geral, impaciente, mas se mostra inconformado sobretudo quando sabe que uma decisão precisa ser to-

mada. Tem noção exata do que acontecerá se não agir. Por enxergar o que virá em seguida, a inatividade o incomoda demais.

- Os outros percebem que você é persuasivo. Você se envolve diretamente com eles e os convence. Em todas as suas relações leva alguém a tomar uma atitude.
- Você se sente motivado pela sensação de progresso e é extremamente sensível ao impulso do momento. Sente quando este está nascendo, quando está no auge e quando acabou.
- Você é um bom ouvinte por dois motivos: ou para deixar que a pessoa que fala se veja por si só num lugar onde já está psicologicamente preparada para agir ou para que você descubra o que a motiva a tomar uma decisão. Ouvir, para você, é um precursor da ação.
- Você pode ser sedutor e é bom em conquistar o afeto dos outros. Sabe que estarão mais dispostos a fazer algo para uma pessoa de quem gostam. Ser admirado é uma poderosa precondição para levar alguém a tomar uma decisão.
- Você pode ser muito direto. Sente que os problemas são resolvidos apenas quando enfrentados diretamente. Ficar dando voltas em torno de um assunto não combina com você, que usa o confronto como método de resolução favorito.
- Quando você se depara com uma resistência, fica entusiasmado. Sabe que se sai melhor quando as pessoas lhe explicam por que não podem agir, aproveitando cada justificativa para mostrar por que tomar uma decisão é tão necessário.
- As pessoas percebem seu desejo de seguir adiante e o veem como sinal de autoconfiança – ou de arrogância. Você pode contrariá-las desafiando-as mais do que deveria – isto é, mais do que elas gostariam.
- Todos sentem que você tem um objetivo. E as pessoas gostam ainda mais de você – na verdade, confiam mais em você – quando seu objetivo é claro.

COMO SE DESCREVER (EM ENTREVISTAS E AVALIAÇÕES DE DESEMPENHO)

- "Descobri que sou mais decidido do que a maioria das pessoas – e mais impaciente. Gosto de agir com rapidez."
- "Eu me destaco quando sou desafiado a convencer alguém a fazer algo que ele não pretendia fazer."
- "Tomo muito a iniciativa. Estou sempre dizendo aos meus colegas o que deveriam fazer. Acho que às vezes posso pressioná-los demais, mas sempre realizamos muito."
- "Detesto politicagem. Sou uma pessoa muito direta e não me dou muito bem num mundo cheio de segundas intenções."
- "Adoro fazer perguntas. O pior que posso ouvir é um 'não', mas e daí? O sol nascerá novamente amanhã."
- "As pessoas parecem querer fazer mais por mim e comigo do que fazem para os outros e com os outros. Gosto de tê-las do meu lado."
- "Não sou de enrolar. Vou direto ao assunto. Acho que é um dos meus pontos fortes: direcionar as pessoas para o *resultado*."

COMO CAUSAR UM IMPACTO IMEDIATO

- Você é instintivamente impaciente. Para não irritar seus novos colegas, **escolha um problema que todos estejam enfrentando e ofereça-se para resolvê-lo**. Por exemplo, se houver algo que sua equipe deseje, mas nunca tenha conseguido porque alguém – um gerente, cliente ou colega – sempre deu um jeito de atrapalhar, ofereça-se para solucionar a questão. Talvez você prove seu poder de persuasão. Talvez não. De qualquer modo, terá mostrado a que veio.
- No início, e pelo fato de você se ater tanto à ação, as pessoas se perguntarão qual é o seu objetivo. Seja explícito com seus colegas e não dê margem a especulações. **Informe a eles o que você pretende**. O objetivo em si – uma venda, animar as coisas ou subir na carreira – não importa, mas é fundamental

que você seja transparente quanto a isso. As pessoas não se incomodam com a persuasão, mas detestam incerteza. E, sem uma intenção clara, às vezes seu poder de conhecimento pode ser visto como manipulação.

- **Procure maneiras de mensurar seus resultados.** Você se sentirá mais entusiasmado com uma "prova" de que está adiantado ou atrasado. Sempre se destaca quando sabe exatamente em que posição está.
- Toda vez que tiver sucesso na realização de alguma coisa, **agradeça às pessoas a ajuda que prestaram.** Se você não fizer isso, elas podem acabar sentindo que são apenas ferramentas no seu plano de ação. Diga-lhes como valoriza a contribuição recebida. Talvez em pouco tempo essa boa ação volte para você e, com o apoio delas, você certamente será capaz de tomar mais decisões.
- Ouça. Mostre-se dedicado. Faça perguntas curtas e diretas e depois fique em silêncio. Demonstre interesse no que as pessoas estão dizendo. Tome nota. Tudo isso fará com que elas se sintam ouvidas e permitirá que você estabeleça algum tipo de relação, que o acabará ajudando na conquista de seus objetivos. Na verdade, **você será mais eficiente em promover seus objetivos se deixar que eles permaneçam no pano de fundo de uma relação verdadeira.**

COMO ELEVAR SEU DESEMPENHO A OUTRO PATAMAR

- Você tem um objetivo claro. Sabemos disso, entendemos sua posição e valorizamos sua transparência. Mas, se quer nos motivar de verdade em torno do seu objetivo, **relacione-o com uma missão**: um propósito, um conjunto de valores, um futuro melhor, algo que seja maior que você e que possa incluir todos. Crie essa imagem para nós, torne-a real, e nós realizaremos muito mais para você.
- Sim, você pode ser competitivo. E não, você não sabe perder. Mas será que agora você pode levar esse espírito de competi-

tividade além do "tudo ou nada" e incluí-lo num cenário de realização no qual todas as partes sintam que saíram vencedoras? Se você se esforçar, **poderá ser o criador desses resultados em que todos saem ganhando**. Para isso, só precisa de disciplina para se deter por um instante e enxergar o mundo através do olhar de outra pessoa ou da equipe. Reserve um tempo para isso.

- **Aprenda a separar as pequenas coisas que você faz de coração – dar presentes, lembrar as datas dos aniversários, fazer favores especiais – das suas solicitações**. As pessoas gostam de você e, como se mostra entusiasmado e interessante, elas querem fazer o que você pede. Mas não esperam ser manipuladas. Fazer um favor a alguém e imediatamente depois lhe pedir algo *é* manipulação. Influenciar de verdade é mostrar aos outros que você está pensando neles o tempo todo – um bilhetinho aqui, um artigo interessante ali – e, só depois, então, lhes propor um desafio atraente.
- Você é uma pessoa impaciente que gosta de situações ágeis e voltadas para a ação. Isso é ótimo, e não queremos que você vá mais devagar, mas precisamos que não nos deixe para trás. **Por isso reserve um tempo para cultivar a relação conosco**. Pare e compreenda nosso ponto de vista, nossa maneira de ver o mundo. Você pode fazer isso com a rapidez que quiser, só não desista de fazê-lo. De outro modo, vai parecer que você nos adequou à sua vida, ao passo que o que queremos de fato é sentir que somos parte da sua vida.
- Uma de suas características mais marcantes pode ser seu senso de humor. Você adora diversão e irreverência – é um dos seus métodos para conquistar as pessoas. **Portanto, compartilhe suas histórias, principalmente aquelas nas quais faz piada de si mesmo**. Você vai se sair bem nisso, irá se tornar mais interessante e, como resultado, as pessoas se sentirão inclinadas a ajudá-lo.

COM QUE VOCÊ PRECISA TOMAR CUIDADO

- Quando cometer um erro ou magoar alguém (sua necessidade de levar as pessoas a agir torna isso inevitável), **peça desculpas.** O bom, para você, é que esses deslizes raramente o desanimam – você aprende com a experiência e parte para outra. O lado ruim é que você segue adiante com tanta rapidez que se esquece de pedir perdão. Essa ânsia de aproveitar o momento é percebida como falta de respeito pelos outros. Talvez você ache que parar e pedir desculpas pareça um atraso e não saiba fazê-lo com naturalidade. Aprenda algumas frases úteis para quando ficar claro que você exagerou. "Como posso consertar isso?" é um bom exemplo, assim como a clássica "Desculpe-me".
- Vivemos em um mundo digital, onde praticamente toda ação e cada consequência podem ser medidas. Muita gente que você busca persuadir só confia em dados e só se sente preparada para tomar uma decisão quando recebe informações que "provem" que determinada ação irá gerar determinada consequência. **Aprenda a ser fluente na linguagem dos dados.** Gerencie os fatos, de modo que as pessoas com menos tolerância para a ambiguidade possam se apoiar neles e encontrar a certeza de que precisam.
- **Seu instinto persuasivo precisa estar focado na pessoa que toma as decisões.** Não há nada pior do que se esforçar para convencer alguém e depois descobrir que essa pessoa não tem nem a autoridade nem o orçamento para decidir sozinha. Portanto, antes que você gaste seu charme à toa, pare e identifique o verdadeiro tomador de decisões.
- Como você gosta de resistência, às vezes pode buscar a dificuldade simplesmente porque é mais divertido inverter uma negativa do que conseguir um "sim" imediato. Apesar de ser mesmo mais divertido, isso diminui o ânimo. Sempre que se perceber seduzido pela emoção da rejeição, **volte sua atenção para o prêmio maior, que é a decisão favorável, a ação, o movimento e, em última análise, o impacto.**

DESTACANDO-SE COMO LÍDER

Influenciador: Seu ponto forte é o ímpeto. Você vê, decide, age e mobiliza. Corre a toda velocidade, e nós pegamos uma carona com você.

- Você é um líder carismático. Adoramos ouvi-lo, ser seduzidos por suas palavras e acompanhá-lo rumo a um futuro melhor. Sabemos que tem um objetivo em mente. Faça questão de deixá-lo claro para nós e continuaremos permitindo que nos impressione.
- Mantenha seus indicadores atualizados e compartilhe-os conosco. Deixando que os números falem por si, diga apenas: "Podemos fazer melhor do que isso." Sem dúvida acreditaremos em você.
- Você adora competir. Estabeleça na empresa disputas amigáveis, porém significativas, para nos estimular a dar o melhor de nós. Cuide para que o território de competição seja reduzido e localizado. Não só melhoraremos nosso desempenho como também aprenderemos com os sucessos dos colegas.
- Você é extremamente eficiente em nos fazer assumir compromissos. Pare e explique os benefícios, os resultados e a diferença que uma mudança fará, então subiremos a bordo com você.
- Seu desejo de fazer as coisas na mesma hora pode gerar erros, provocar intimidação e, por fim, desmotivar seus seguidores mais fervorosos. Não nos importamos com a pressão, mas mostre-nos que você entende que há, de fato, limites de tempo.
- Procure memorizar nossos nomes. Pode parecer insignificante, mas você não imagina a diferença que isso fará. Nós não nos sentiremos simples instrumentos da sua máquina de realizações, mas nos consideraremos valiosos colaboradores.

DESTACANDO-SE COMO GERENTE

Influenciador: Seu ponto forte é a capacidade de me convencer a decidir, a superar um obstáculo, a agir de acordo com as minhas convicções.

- Você faz as coisas acontecerem. Adoro trabalhar com alguém que nunca perde de vista o resultado final. Continue me lembrando por que você se importa tanto com a realização desse objetivo e como alcançá-lo fará diferença. Torne-o significativo para mim.
- Você estabelece expectativas altas, instigando-me a realizar mais do que eu me julgaria capaz. Gosto de desafios, pois tornam o resultado muito mais gratificante. Mas, por favor, depois de estabelecer o nível de exigência, mantenha-o estável. Uma linha de chegada que continua se afastando é algo exaustivo e que me desvaloriza.
- Reconheça minhas contribuições. Diga-me especificamente o que realizei que fez a diferença. Isso me garante que você está focado não apenas na vitória, mas também na celebração dos vitoriosos.
- Você pode influenciar em qualquer posição, mas gosto de vê-lo no gerenciamento. Você é capaz de superar obstáculos, conseguir aprovações e chamar a atenção dos tomadores de decisões. Sei que se expõe por nós e isso me motiva a fazer a minha parte.
- Estabeleça as expectativas e depois se afaste. Você pode achar que sabe o melhor modo de realizar as coisas, mas permita-se ser surpreendido pela criatividade e pelo comprometimento que obtém dos membros da equipe quando permite que eles usem seus próprios métodos para alcançar as metas.
- Confie em suas decisões de recrutamento. Se alguém destoar da equipe, assuma a responsabilidade de levá-lo de volta ao caminho certo. Você raramente desiste de um colaborador e sabemos disso. Depois de identificar um problema de

desempenho com um integrante da equipe e se comprometer a resolvê-lo junto com ele, seus funcionários farão de tudo para cair nas suas graças de novo.

DESTACANDO-SE COMO VENDEDOR

Influenciador: Seu ponto forte é a convicção. Suas crenças inspiram clientes passivos a tomar uma decisão, agir e fazer as coisas acontecerem.

- Você é uma pessoa ativa que não suporta se sentir estagnado, sem rumo. Seu jeito proativo oferece um incrível valor em potencial para empresas recém-fundadas cheias de iniciativa e de crescimento rápido, como as *startups*.
- Como você não teme desafios, pode ser o bode expiatório para me ajudar caso eu seja o tipo de cliente que tende a evitar conflitos ou a ignorar um obstáculo. Ao assumir a responsabilidade, você pode explicitar um problema enquanto permite que eu tome uma atitude e obtenha uma solução diplomática.
- Para ter sucesso ao me influenciar, ajude-me a entender as razões que o movem. Diga-me qual é sua fonte de energia. Expressar sua missão o tornará mais humano e irá aprofundar minha relação com você.
- Você naturalmente estabelecerá padrões altos para si e para os outros. Defina para mim, seu cliente, como a excelência de fato deve ser medida – que padrões você vai cumprir e quando o fará. Sua clareza me levará a agir.
- Mantenha sua mensagem consistente. Como você tem energia e ideias de sobra, talvez tente táticas diferentes para me impressionar, mas saiba que isso pode me confundir (ou me irritar). Seu compromisso inabalável com sua mensagem é que irá me convencer.
- Mesmo que eu não compre o que você está vendendo, mantenha sua relação comigo. Você trabalhou duro para criar

esse vínculo. Mostre-me que nosso relacionamento é de fato valioso para você e, da próxima vez que houver uma oportunidade, irei procurá-lo primeiro.

DESTACANDO-SE NO ATENDIMENTO AO CLIENTE

Influenciador: Seu ponto forte é fazer as coisas acontecerem, mesmo que isso signifique enfrentar um obstáculo difícil.

- Você age de imediato. Diga-me o que você vai fazer e por quê. Sua iniciativa me assegura que meus problemas não ficarão esperando na mesa de alguém durante semanas.
- Você quer me convencer. Usa toda a sua criatividade para isso e geralmente acaba transformando o que podia ter se tornado uma interação desagradável em algo prazeroso. Depois de conquistar minha admiração, certifique-se de resolver rapidamente meu problema. Quero gostar de você, mas quero ainda mais uma solução que seja eficiente.
- Seu atendimento é consistente e, se for possível me oferecer algum benefício adicional para me agradecer a paciência ou compensar algum inconveniente, você o conseguirá. Seja criativo e assim você e sua empresa obterão minha lealdade. (Atenção: se fizer isso uma vez, sempre esperarei atitudes semelhantes! É melhor que você tenha várias ideias...)
- Você é incrivelmente proativo, por isso me mostre como posso obter minhas respostas rapidamente. Quando perceber minha frustração com a resposta-padrão da empresa, não espere que eu peça para falar com seu gerente: antecipe-se a esse pedido e vá direto a ele. Certifique-se de que eu veja o que você está fazendo.
- Estimule a criação de etapas que ajudem sua equipe a me convencer. Pode ser algo muito simples, como pedir a eles que me digam: "Se houver algum problema, avise-nos." Ou pode ser uma reunião de acompanhamento mais completa, na qual discutimos o que pode ser feito de modo diferente.

Estarei mais disposto a avaliar melhor minha experiência se você e sua equipe propuserem essas questões proativamente.

- Seu charme e seu senso de humor são envolventes. Suas histórias são divertidas. Encontre oportunidades para entrar em contato comigo sem motivo específico. Ficarei mais inclinado a perdoar quando houver um problema.

Pioneiro

DEFINIÇÃO

Você começa perguntando: "*O que há de novo*?" Por natureza, é um explorador e se entusiasma com o que nunca viu, com quem ainda não conheceu. Enquanto algumas pessoas ficam intimidadas com o desconhecido, voce fica fascinado. O desconhecido desperta sua curiosidade e aguça seus sentidos – você é mais inteligente e perceptivo quando está fazendo algo que nunca fez. Com a incerteza vem o risco, e você gosta disso.

Instintivamente você sabe que é uma pessoa criativa e, como gosta de ressaltar essa característica sua, está sempre buscando situações inexploradas, nas quais cabe a você descobrir como avançar. Sente que seu apetite pelo desconhecido pode ser uma tentativa de preencher um vazio e, às vezes, se pergunta o que está tentando provar para si mesmo. Mas em geral deixa o questionamento e a análise para os outros e tira proveito de seu caráter pioneiro. Você se destaca quando faz uma pergunta que ninguém fez, tenta uma técnica que ninguém tentou, sente algo que ninguém sentiu. E precisamos dessa originalidade. Você nos guia por caminhos inéditos.

VOCÊ NO SEU MELHOR MOMENTO

- Você vê o mundo como um lugar amigável onde coisas boas podem acontecer. Não é ingênuo, mas, quando pensa em todos os resultados viáveis, sua mente naturalmente se volta para a melhor possibilidade. Seu poder especial começa por seu otimismo.

- Você gosta de partir imediatamente para a ação. Adora fazer descobertas, vivenciar coisas novas, e sabe que isso só acontecerá se tomar a iniciativa.
- Você não ignora a necessidade de aprender e de reunir informações – como é um explorador nato, adora aumentar seu conhecimento. Mas acredita que aprende melhor fazendo.
- Ambiguidade? Incerteza? Risco? Nada disso o incomoda muito. Você fica à vontade com brechas no seu conhecimento ou com um conjunto incompleto de fatos porque tem uma mentalidade positiva e tende a preencher as lacunas com otimismo.
- Você adora inícios. Nessa fase, à medida que imagina para onde os eventos podem levá-lo, sente o entusiasmo na pele e impulsos fortes cutucando-o, estimulando-o a agir.
- Ao se afastar do caminho conhecido, sabe muito bem que enfrentará obstáculos, mas para você eles são parte da diversão, um sinal claro de que está indo aonde ninguém jamais esteve. Curiosamente, os obstáculos na verdade lhe dão força.
- Você nunca fica parado. Sua vida é movida pela vontade de ir adiante. Assim, você despreza tudo o que o desacelera. Atitudes negativas, reclamações, regras ou processos ineficientes – você logo se desfaz de todo esse peso e continua seguindo em frente, livre, leve e solto.
- Para você, a novidade é divertida. O desconhecido desafia o status quo e lhe mostra caminhos diferentes para seguir. Você se envolve profundamente com um tema que o interesse, de modo que possa ser o primeiro a descobrir novas técnicas, tendências e tecnologias.
- Quebras de padrão de quaisquer tipos, novas ideias, objetivos, projetos, pessoas, tudo isso desperta seu interesse. Agora, se elas são capazes de mantê-lo já é outra questão.
- As pessoas se aproximam de você porque está sempre à frente dos demais. Fica claro para nós que você se encontra numa missão de descoberta e queremos acompanhá-lo nela. Quem sabe o que encontraremos e quem poderemos beneficiar?

COMO SE DESCREVER (EM ENTREVISTAS E AVALIAÇÕES DE DESEMPENHO)

- "Adoro dar o primeiro passo. Sou assim desde que me entendo por gente. Quando estava na escola..."
- "'Tente e veja o que acontece.' Este é meu lema."
- "Descobri que aprendo mais quando experimento."
- "As pessoas me veem como alguém persistente. Simplesmente sigo adiante."
- "Sou uma das pessoas mais resilientes que conheço. Se caio, me levanto rápido. Por exemplo..."
- "Estou sempre lendo sobre as mais recentes pesquisas e tendências. Escute só algumas coisas que estão me deixando intrigado a respeito da nossa área de atuação..."
- "Sou um ótimo recrutador. Consigo fazer com que qualquer pessoa se interesse em me acompanhar na jornada."

COMO CAUSAR UM IMPACTO IMEDIATO

- Como você não se sente ameaçado por mudanças nem por incertezas, **coloque-se no meio delas**. Procure por elas. Sua confiança aumentará, seus julgamentos serão mais sólidos e você se sentirá vivo. Com muita gente acontece o oposto, e é aí que você se destaca.
- Saiba que você sempre será um acréscimo vibrante – e às vezes tumultuador – à equipe. Para se certificar de que será sempre bem-visto, ligue suas novas ideias, instrumentos e tecnologias a um problema que o grupo esteja tentando resolver. **Mostre aos outros como seu novo "brinquedinho" pode ajudá-los a conseguir o que querem**.
- Você pode ajudar imediatamente uma equipe a deslanchar. Para ganhar sua confiança, **investigue um obstáculo que ela tenha encontrado** e faça perguntas como "Por que não tentamos isto?" ou "Vocês já pensaram em contornar o problema deste modo?". Certifique-se de que suas ideias sejam práticas, permaneça firme, continue insistindo, a fim de encontrar o

caminho de menos resistência, e as pessoas se lembrarão disso e irão lhe agradecer a contribuição.

- Você é antes de tudo curioso e depois crítico. A maioria das pessoas é o oposto. Portanto, **mostre ao mundo que tem a mente aberta**. Quando alguém apresentar um novo plano, ajude-o a aplicá-lo, fazendo perguntas e lhe dando aquele tipo de detalhe que naturalmente lhe ocorre quando você pensa no futuro. Faça isso regularmente com seus colegas e eles o verão como alguém tranquilizador (não terão medo de que despreze uma ideia nova e frágil) e inspirador (você dará a eles uma imagem cada vez mais nítida do que pode vir a ser).
- Como você não vê muita utilidade no pensamento meramente hipotético, pode ajudar seus novos colegas a se recuperar de dificuldades ou fracassos. Sempre que eles começarem a se lamentar, **assuma a responsabilidade de lhes dizer o que pode acontecer de bom da próxima vez.** Em pouco tempo eles irão procurá-lo, diretamente ou não, para que você redirecione a atenção da equipe.

COMO ELEVAR SEU DESEMPENHO A OUTRO PATAMAR

- Você enxerga o "admirável mundo novo" e se empolga com seus mistérios. Isso o torna um líder em potencial. Mas lembre-se de que, para conseguir adesões à sua missão, você precisa descrever esse "mundo novo" da melhor maneira possível. Quanto mais detalhes fornecer, mais clareza as pessoas terão e maior será a probabilidade de que deixem de lado suas inseguranças e o sigam. Assim, antes de embarcar na sua missão, **reúna todos os detalhes e descreva minuciosamente o que as pessoas irão descobrir e como elas tirarão proveito dessa descoberta caso se juntem a você.**
- Você tem um instinto natural para a mudança. **Trabalhe numa fórmula que capte sua capacidade de lidar com a incerteza** e se transforme num processo claro que outros indivíduos, menos inclinados ao risco, possam seguir. Na sua

carreira, você frequentemente enfrentará mudanças. Sua fórmula pode garantir um método infalível para unir as pessoas ao seu redor e mantê-las focadas.

- **Pratique algumas frases que expressem seu otimismo natural** sem fazer com que você pareça um tolo irresponsável ou um idealista ingênuo. Por exemplo, quando seus colegas disserem "Não podemos mudar o modo como sempre fizemos isso", em vez de responder "Sim, podemos. Só precisamos tentar", proponha uma pergunta não ameaçadora e de resposta fácil, como "Se *já* o tivéssemos mudado, como ele seria?". Esse tipo de estratégia não o salvará o tempo todo – algumas pessoas sempre desconfiarão do seu otimismo –, mas, ao partir do pressuposto de que a mudança já foi feita, você pode ajudar os outros a deixar a inércia inicial.
- **Encontre maneiras de mostrar como suas inovações foram bem-sucedidas no desenvolvimento de novas oportunidades de negócios ou de novos produtos**. Esses exemplos de como a curiosidade se converteu em desempenho darão mais confiança às pessoas e cada vez mais elas se tornarão tolerantes e apoiarão seu espírito pioneiro.
- Como você é antes curioso e depois crítico, **pode se sair um ótimo mentor**. Você permite que as pessoas mostrem o melhor delas mesmas e que lhe contem seus sonhos, e seu instinto o leva a querer se juntar a elas, fazendo uma pergunta depois da outra, cada questão as levando ainda mais longe, e mais rápido. Em determinado ponto, como um Pioneiro experiente, você deveria usar seu raciocínio crítico para analisar esses sonhos. Mas o que há de mais poderoso em você como mentor é sua vontade de deixar que o talento jovem prospere.

COM QUE VOCÊ PRECISA TOMAR CUIDADO

- Você sempre se sentirá fascinado pelo que há de novo, mas não quer dar a impressão de estar simplesmente interessado na próxima "onda". Assim, para evitar ganhar essa fama e não deixar de se expor às novidades, **estabeleça uma programação para matar sua curiosidade**. Por exemplo, vá a três ótimas conferências por ano. Uma vez por mês, promova uma rodada de discussão sobre lançamentos, mediada por você. Ou crie na sua organização uma comunidade social de inovadores. Qualquer dessas opções vai ajudá-lo a se sentir animado e vivo, e conferir credibilidade e rigor à sua sede de novidades.

- Para você, é relativamente fácil esquecer os fracassos e seguir em frente. Para os outros, não. Eles não conseguem deixar para trás as dificuldades do passado e encontram segurança – e até mesmo clareza – ao relembrarem essas experiências, extraindo lições. Talvez você jamais compreenda esse tipo de raciocínio, mas ele serve para algumas pessoas. Se você trabalha com profissionais que precisam olhar para o passado antes que possam pensar no futuro, aprenda a ser paciente com eles. **Dê-lhes tempo para que se organizem e reflitam**. Se você os pressionar cedo demais, eles nunca estarão completamente comprometidos com sua missão.
- Você tem mais tolerância do que a maioria de nós para a incerteza. Assim, os outros podem desconfiar da sua segurança descontraída quanto ao futuro. As pessoas precisam de mais do que apenas ouvir de você: "Confie em mim. Será ótimo." Primeiro, elas querem fatos e detalhes a respeito da situação em que se encontram – isso lhes mostrará a necessidade de ação imediata. Em segundo lugar, precisam de uma descrição de como será o futuro se elas fizerem o que você está sugerindo. **Esforce-se para dar às pessoas essas duas imagens**.
- O raciocínio hipotético otimista lhe vem com tanta facilidade que os outros podem achar que você não pensou em todos os detalhes do que é preciso ser feito para tornar algo real. Ou pior: que você não avaliou todo o esforço que será necessário para executar tal coisa. Para evitar esse equívoco, certifique-se de **reconhecer explicitamente o tempo e o esforço requeridos para realizar seu plano grandioso**. Ao fazer isso, você parecerá mais consistente e ao mesmo tempo mais atencioso.

Pioneiro: Seu ponto forte é o otimismo. Existem muito mais maneiras de as coisas darem errado do que de darem certo. Você nos inspira a apostar contra a lei das probabilidades.

- Você está sempre atento e isso nos ajuda a manter o foco, pois não tememos ser pegos de surpresa (nem por clientes, nem por concorrentes, tampouco pela economia). Mantenha-nos informados do que você vê que vai acontecer em seguida e de como planeja tirar proveito da situação ou contorná-la.
- Adoramos o fato de você ser um aventureiro, de gostar de assumir riscos. É empolgante seguirmos juntos na descoberta. Crie uma imagem clara da "terra prometida". Ajude-nos a sentir o gostinho do que nos aguarda. Conte-nos histórias detalhadas. Apresente-nos os heróis desse mundo novo.
- Você gera entusiasmo. Crie alguma estrutura em torno dessa energia. Estabeleça o ritual diário de travar uma conversa informal com todos os departamentos antes de ser assoberbado pelos eventos do dia. Prezamos a oportunidade de nos comunicar diariamente com você. O otimismo que acrescenta a essas reuniões, por mais breves que sejam, nos prepara para o trabalho.
- Traga seu senso de diversão para o trabalho. Sua criatividade e sua imaginação não têm limites. Apresente jogos ou atividades nas reuniões de equipe e, assim, nunca nos cansaremos delas. Sua alegria é contagiosa e desperta nossa imaginação, influenciando as interações com nossos clientes.
- Apesar de amarmos o aventureiro que existe em você, nem sempre é interessante estar na expedição. Às vezes é simplesmente assustador. Talvez, com seu otimismo ilimitado, você sempre ache que as coisas darão certo, mas queremos certezas. Precisamos nos sentir seguros. Por isso não se esqueça de nos informar de seus planos de contingência. Mostre-nos alguns cenários hipotéticos.

- Às vezes você está tão à nossa frente que nem conseguimos acompanhá-lo. De vez em quando, faça uma pausa e permita que nos inteiremos do assunto.

DESTACANDO-SE COMO GERENTE

Pioneiro: Seu ponto forte é a fé em que podemos ir mais longe. Com você como meu gerente, estarei sempre buscando mais.

- Sua atitude positiva é contagiante. Posso contar com você para transformar meu pessimismo em otimismo. Você me dá motivos concretos para acreditar em possibilidades melhores.
- Você assume riscos com as pessoas. Gosto que esteja disposto a acrescentar à equipe alguém com características não convencionais. Sei que quer nos levar a criar algo original. Apenas se certifique de explicar claramente como espera que essa pessoa contribua para o todo.
- O reconhecimento espontâneo é uma poderosa prática para manter as pessoas engajadas, e você é especialista nisso. Nunca sabemos quando o colocará em prática. Quando reconhecer nosso trabalho, seja específico, pois assim saberemos o que deve ser mantido.
- Na reunião de equipe ou durante outras atividades facilite o nosso contato com pessoas com as quais não trabalhamos normalmente. Essa medida simples nos aproxima de outros departamentos e nos deixa mais à vontade para nos dirigirmos aos colegas quando precisamos de ajuda.
- Você experimenta. Explora novos territórios. Como resultado, nunca há um momento de marasmo quando estamos trabalhando para você. Adoro isso, mas às vezes tenho medo. Todo mundo precisa de certa segurança. Complemente seu lado desbravador com um pouco de pragmatismo.
- Você não apoiará processos menores que desacelerem a produtividade. Gosto de saber que está ajudando a abrir o

caminho à frente, de modo que eu possa me concentrar na realização do meu trabalho.

DESTACANDO-SE COMO VENDEDOR

Pioneiro: Seu ponto forte é a resiliência. Você assumirá riscos com seus clientes, mostrará a eles as possibilidades e irá se recuperar rapidamente sempre que se envolver em problemas.

- Seu otimismo empolga todo mundo. Você vê possibilidades de criar negócios onde os obstáculos desencorajaram os outros. Seu ponto de vista positivo pode trazer esperança quando a equipe está perdendo a fé. Materialize a viabilidade da sua visão com fatos e um plano de execução.
- Se algum obstáculo bloqueia seu progresso, você se dispõe a sair de sua zona de conforto e se arrisca para superá-lo. Sua vontade de experimentar o leva a me oferecer soluções criativas que seu concorrente talvez ignore.
- Você vai se dispor a tentar várias coisas até conseguir arquitetar uma solução para mim. Apesar de admirar esse movimento constante de seguir em frente, precisarei que defina um prazo para uma versão ou abordagem final. Necessito de um pouco de estabilidade.
- Antes de me passar sua visão do que sua solução irá executar, busque ajuda de um membro da equipe mais pragmático, que molde sua mensagem. Você terá mais probabilidade de me conquistar se reconhecer obstáculos em potencial e explicar como, juntos, conseguiremos superá-los.
- Rompa com a tradição. Em vez de recompensar apenas o líder de uma conta importante com um prêmio, divida a recompensa e premie as pessoas que deram duro com você. O investimento de reconhecer aqueles que estão fazendo o trabalho diretamente para você renderá frutos imediatos e duradouros.

- Conte-me histórias de como seu gosto pelo risco deu certo no passado. Preciso levar provas sólidas a quem toma as decisões. Sempre me ofereça garantias.

DESTACANDO-SE NO ATENDIMENTO AO CLIENTE

Pioneiro: Seu ponto forte é a confiança de que tudo vai dar certo.

- Você começa dizendo "Posso resolver isso", o que imediatamente reduz minha insegurança. Dê-me dois motivos concretos para essa confiança.
- Você é resiliente. Se chega a um beco sem saída, na mesma hora se recupera e encontra um novo caminho. Você não desiste. Apesar de admirar sua persistência, não preciso necessariamente vê-la em ação. Estabeleça um intervalo e um método para me atualizar. Poupe meu tempo.
- Você tem capacidade de discernimento. Sempre se associa a produtos que acredita que estarão no mercado por muito tempo. Mostre-me algumas de suas pesquisas como garantia de que não investi em algo que em breve vai desaparecer ou, se você acha que vai, diga-me por que considera que mesmo assim estou fazendo um bom negócio.
- Você conhece os atalhos. Conto com você para encontrar uma maneira rápida e fácil de fazer as coisas. Dependendo do produto ou da situação, pode ser muito importante que eu também aprenda os atalhos. Pergunte-me se estou interessado em entender como você descobre e usa esses recursos.
- O esforço de me ligar ou de me mandar um e-mail quando sua equipe cumpriu ou não minhas expectativas é reconhecido. Tranquilize-me dizendo o que vai fazer para garantir que minhas expectativas sejam superadas da próxima vez e eu lhe garantirei que *haverá* uma próxima vez. Minha lealdade para com sua marca tem muito a ver com esse nível de conexão pessoal.

- Mantenha-me atualizado a respeito das mudanças no meu setor. Apesar de eu talvez já as conhecer, é bom saber que há alguém lá fora cuidando de meus interesses – uma pessoa que também quer que eu seja bem-sucedido.

Professor

DEFINIÇÃO

Você começa perguntando: "*O que alguém pode aprender com isso?*" Seu foco está sempre voltado para o outro – não necessariamente para os sentimentos dele, mas para sua compreensão, suas habilidades e seu desempenho. Você vê cada pessoa como uma obra inacabada e se sente à vontade com essa bagunça. Não espera que ela seja perfeita – na verdade, não quer que seja. Você enxerga possibilidades na imperfeição, pois sabe que ela gera uma escolha e que essa escolha leva ao aprendizado.

Como você se entusiasma com o crescimento das pessoas, procura o tempo todo por sinais de que isso esteja acontecendo. *Em que nível elas estavam no mês anterior?*, você se pergunta. *Que progresso mensurável houve nesse período?* Você cria novas maneiras de acompanhar seu desempenho e de comemorar quando atingem um novo patamar. Faz várias perguntas a seu funcionário a fim de descobrir o que ele sabe, como aprende melhor, o que lhe é importante e quais são seus planos. Só então você se sente capaz de identificar o nível ideal para ele e de ajudá-lo da melhor maneira possível a chegar lá.

VOCÊ NO SEU MELHOR MOMENTO

- O desempenho das pessoas melhora quando você está por perto. Esse é seu maior dom.
- Instintivamente, as pessoas sabem que você se importa com elas e que sua preocupação é genuína. É possível sentir isso, o que com certeza as deixa mais livres. Elas podem fazer expe-

riências, tentar, cair, fracassar e depois tentar de novo. E você ainda estará lá, estimulando-as a seguir em frente.

- Você não desiste dos outros. Por mais que eles enfrentem dificuldades, você continua acreditando que descobrirão uma maneira de avançar e de melhorar.
- Você é fascinado pelo processo de aprendizado e crescimento daqueles que estão à sua volta. Não fica esperando impacientemente uma grande revolução. Em vez disso, sente-se feliz ao perceber pequenas melhoras que acontecem todos os dias. A jornada pode ser mais emocionante do que a chegada ao destino.
- Outro processo que o encanta é o da atividade. Você adora decompor as tarefas em partes menores e depois mostrar aos outros como fazer cada uma delas. Quer que entendam o "como" – o "método". Para você, é assim que o verdadeiro aprendizado acontece.
- Você oferece opções às pessoas. Permite que elas tomem as próprias decisões. Entende que essas escolhas são um mecanismo de aprendizado, de crescimento. Você diz: "Tome uma decisão, depois volte aqui e me diga o que decidiu e por quê." É ótimo em delegar tarefas.
- Você sabe que as pessoas só podem aprender a partir de determinado ponto de partida, por isso faz muitas perguntas, com o objetivo de identificar de onde elas estão partindo. Você ouve com atenção e é observador. Qualquer pequena ação ou reação pode ser uma dica para descobrir o momento ideal de intervir no caminho do aprendizado de alguém.
- Essa abordagem de "começar ouvindo" faz com que seus interlocutores se sintam reconhecidos e seguros. Para você, ela é fonte de informações essenciais sobre o estilo de aprendizado deles, sua personalidade e seu conhecimento. Você a utiliza para combinar aquilo que está ensinando com a personalidade da pessoa à sua frente – você individualiza.
- Fisicamente, você se preocupa em estar no mesmo nível das demais pessoas. Quer estar presente, ver os funcionários em

seu posto de trabalho, meter a mão na massa com eles. Com isso, você consegue três coisas: 1) mostrar a eles que os conhece; 2) descobrir como é o mundo da perspectiva deles; e 3) obter a matéria-prima de que precisa para lhes sugerir novas ideias sobre como melhorar o desempenho.

- Você adora aprender. Está sempre fazendo cursos para sentir que está aumentando seu conhecimento. Essa é uma constante em sua vida.
- Seu aprendizado constante não é apenas para benefício próprio. Também serve para abastecê-lo de novas ideias e técnicas muito úteis para os que estão à sua volta. Consequentemente, você é visto como alguém sábio e uma fonte inesgotável de conhecimento, experimentos e ideias que podem ajudá-los a crescer.
- Sempre que os outros se sentem esgotados – de ideias e de fé em si mesmos – eles se voltam para você. Você parece forte, paciente, compreensivo e disposto a ouvir.

COMO SE DESCREVER (EM ENTREVISTAS E AVALIAÇÕES DE DESEMPENHO)

- "Gosto de ouvir as pessoas me dizerem o que fazem e como fazem."
- "Procuro aprender o tempo todo. Para mim há algo de revigorante no processo de chegar a dominar uma nova habilidade. Recentemente fiz um curso sobre..."
- "Gosto de meter a mão na massa lado a lado com as pessoas, de ver o mundo através do olhar delas. Clientes, colegas, amigos – acho que só posso ajudá-los de verdade depois de ter visto as coisas da perspectiva deles."
- "Não acho que se possa ensinar todas as pessoas de uma única maneira. Estou sempre estudando como a mente de cada indivíduo funciona e o que o motiva."
- "Nunca desisto de ninguém. No fundo sei que todos podem ser bem-sucedidos em algo – só temos que insistir e descobrir

onde está o talento. Claro que há possibilidade de não ser no cargo que ocupam atualmente."

- "Adoro dar sugestões. Leio tudo o que posso para que tenha algo a sugerir às pessoas quando elas precisarem de mim."
- "Eu me divirto compartilhando ideias ou técnicas com meus colegas. O conhecimento é uma dessas coisas estranhas que se multiplicam quando divididas."

COMO CAUSAR UM IMPACTO IMEDIATO

- Você quer ajudar os outros, mas precisa conquistar esse direito. Portanto, **assuma uma postura de aprendiz**. As pessoas adoram estudantes. Elas gostam de ouvir perguntas sobre como fazem o que fazem e de se ouvir explicando por que tal coisa funciona. Ouvir é demonstração de respeito. Assim, seja curioso e passe essa imagem despretensiosa.
- **Encontre oportunidades de repetir o que ouviu das pessoas**. Descreva o que você entendeu sobre o trabalho delas e seus processos. Além de pôr à prova sua compreensão, você irá valorizar seus novos colegas. Eles certamente apreciarão esse apoio.
- **Faça visitas a seus novos colegas**. Passe algum tempo no ambiente de trabalho deles. Observe como realizam suas tarefas e os detalhes de suas dificuldades e êxitos. O que você aprender com isso lhe servirá de matéria-prima para quando começar a ajudá-los a resolver problemas e a alcançar um sucesso ainda maior.
- Logo que assumir um novo cargo, **encontre uma oportunidade de expor sua equipe a pelo menos uma nova ideia**. Como você está o tempo todo estudando, lendo e pesquisando, sem dúvida terá insights para compartilhar. E, como se mostrou disposto a ouvir e a aprender, terá conquistado o direito de oferecer a seus colegas um outro ponto de vista. Escolha uma ideia na qual você tenha grande confiança e apresente-a ao grupo.

- **Ofereça-se para ensinar.** A equipe pode estar superocupada fazendo seu trabalho, mas mesmo assim sabe que os novos membros precisarão se enquadrar no ritmo do departamento. Algumas pessoas ficam frustradas pela falta de conhecimento do novato, mas não você. Você se empolga com a "ignorância" deles. Cada novato é uma oportunidade de encontrar maneiras interessantes de preencher as lacunas na experiência dele.
- Depois de ter feito suas perguntas e de ter acompanhado o dia a dia de seus colegas, **ofereça uma maneira de ajudá-los a manter um registro do progresso deles.** Como você está interessado no aperfeiçoamento, vai querer descobrir um modo de medir o que realizam, ou, se a medição se mostrar complicada demais, um modo de definir níveis crescentes de competência em determinada habilidade ou função. Como todo mundo quer melhorar até dominar completamente uma função, essa pode ser uma contribuição valiosa e imediata.

COMO ELEVAR SEU DESEMPENHO A OUTRO PATAMAR

- **Continue aprendendo**. Faça mais pesquisas sobre seu setor. Frequente seminários de alto nível. Leia as publicações dos especialistas. Transforme isso em prioridade.
- **Torne-se um defensor fervoroso dos outros**. Amplie sua visão dentro da empresa e coloque as pessoas cujo talento potencial você já identificou em postos de responsabilidade. Alguns colegas dirão: "Mas ele não está pronto." Não se intimide diante do risco. Em vez disso, celebre-o. Você é um gênio quando se trata de dar às pessoas exatamente o tipo de responsabilidade de que precisam, e no momento exato.
- Quando promover desse modo um jovem talento, **certifique-se de que suas explicações sobre a razão de ele ser a pessoa certa para determinada função sejam sólidas e detalhadas.** Acostume-se a descrever os pontos fortes que você observou na pessoa e por que acha que ela irá se adequar a uma responsabilidade nova e maior. Especifique também o conhe-

cimento que falta a ela e o que ela fará para adquiri-lo sem comprometer a própria capacidade de produzir resultados. Esses detalhes darão aos outros, que têm menos sensibilidade para o talento jovem, a certeza de que tanto precisam.

- **Desenvolva teorias.** Estudante incansável, você sempre será uma fonte de novas ideias e projetos. Mas se quer se destacar ajudando os outros a aprender, você precisa de um conjunto de teorias nas quais apoiar tudo o que sua curiosidade desperta. As teorias esclarecem e ajudam os outros a compreender as coisas.
- **Aperfeiçoe suas histórias.** As pessoas se interessam por histórias com começo, meio e fim. Adoram o drama, os detalhes e os diálogos de uma boa narrativa. Como você é ótimo para notar minúcias e é fascinado pelo processo de aprender e descobrir, sempre terá muita matéria-prima com a qual construir seus relatos. Reserve um tempo para fazer isso. Assim, você se tornará um professor melhor.
- **Sempre mantenha contato com as pessoas que ajudou a aprender e a crescer.** O sucesso contínuo delas será uma fonte constante de alegria para você. Elas são seus ex-alunos.
- **Crie uma rede com outros "professores".** Eles irão revigorá-lo com suas ideias, suas abordagens práticas e seus sucessos. Também poderão ajudá-lo a ficar por dentro dos novos avanços e a continuar inovando.

COM QUE VOCÊ PRECISA TOMAR CUIDADO

- **Permaneça no mundo real.** Você é um leitor e um pesquisador tão ávido que às vezes pode se impressionar com as teorias dos outros. Apesar de algumas dessas teorias serem boas, confie sempre no seu aprendizado do mundo real como guia.
- **Saiba que as coisas nem sempre funcionarão como você esperava.** Um jovem talento que você descobriu terá dificuldades. Uma ideia que apresentou e apoiou não conseguirá deslanchar. Mantenha-se firme e confiante em relação ao seu

processo. Na maioria dos casos, a experiência e a delegação de funções levam ao progresso.

- Professores podem às vezes ser vistos como sabe-tudo, então **proteja sua credibilidade**. Ou seja: continue fazendo sua pesquisa no mundo real, de modo que tenha sempre à mão dois ou três exemplos recentes do que viu e o que aprendeu com eles. Além disso, acostume-se a dizer: "Não sei, mas voltarei com uma resposta assim que puder." Nunca finja saber o que não sabe.
- Será difícil para você se destacar sem uma plateia, mesmo que ela seja formada por leitores, e não por pessoas que já conhece. **Assim, vá atrás de sua plateia de aprendizes e resista à tentação de se afastar demais deles.**
- Ao entrar para uma nova equipe, seu lado aluno entrará em conflito com seu lado professor. O professor imediatamente verá as pessoas que podem melhorar e as ideias que podem ser disseminadas. **Mantenha esse lado professor sob controle**. Você não pode simplesmente entrar num novo cenário e começar a dar conselhos e a destilar sabedorias, pois será malrecebido. Na batalha entre o aluno e o professor, deixe que o aluno vença. Faça perguntas, tome notas, seja reconhecido como um bom ouvinte e, assim, sua sabedoria será mais admirada e adotada com mais rapidez.

DESTACANDO-SE COMO LÍDER

Professor: Seu ponto forte é a fé no nosso potencial. Nunca sentimos frustração por nossas dificuldades – em vez disso, acreditamos que podemos continuar tentando e melhorando. Você nos aceita e, assim, suas expectativas nos motivam.

- Queremos aprender com você e você quer nos ensinar. Mas para isso é necessário tempo. Reserve um almoço por semana para se reunir conosco e nos passar o que tem estudado. Ofereça-se para dar aulas. Relate suas experiências em um blog.

- Você se detém tentando compreender as coisas do nosso ponto de vista, e nós gostamos disso. Está sempre interessado no cotidiano das pessoas. Continue encontrando maneiras de demonstrar que isso ainda é importante para você. Permaneça no nosso nível. Fique o mais próximo possível de onde as decisões verdadeiras são tomadas.
- Mantenha nosso progresso visível e atualizado. É motivador saber que você está monitorando nossos avanços. Você sempre encontra formas especiais de celebrar nosso sucesso pessoal e como equipe.
- Faça perguntas. Você é um daqueles líderes que não acreditam saber tudo. Em vez disso, recorre a nós em busca de respostas. Marque um encontro regular conosco (uma pausa para o café, por exemplo) para nos perguntar o que podemos fazer para melhorar o desempenho da equipe.
- Você dá valor a quem experimenta coisas novas e põe a mão na massa. Isso nos motiva. Sabemos que não há problema em cometer erros. Mas você também espera que possamos extrair um sentido do que aprendemos com esses erros e que apliquemos essas lições em nossa função. Faça disso um aspecto determinante de sua liderança.

DESTACANDO-SE COMO GERENTE

Professor: Seu ponto forte é a seriedade com que encara meu aprendizado. E como presta tanta atenção nisso, também me sinto inspirado a me concentrar em meu progresso.

- Você se coloca à nossa disposição. Nunca sinto que estou atrapalhando ou desperdiçando seu tempo. Você mostra um interesse genuíno quando entro na sua sala pedindo orientações ou ideias.
- Espero ansiosamente por minhas avaliações de desempenho. Sei que monitorou ativamente meu progresso e que encontrará maneiras criativas de me ajudar a melhorar meu desempenho.

- Você premia com oportunidades. Se realizo algo importante, posso esperar que você vai me presentear com um projeto especial ou com uma missão que reforce minhas habilidades. Esse foco no meu crescimento me diz que você realmente se preocupa com meu aperfeiçoamento em longo prazo e, afinal, com minha realização profissional.
- Você individualiza. Sei que apoia cada um de nós, que nos ensina e nos recompensa de um jeito diferente, e não me importo com isso. Vejo o bem que essa característica sua faz ao grupo. Encontre oportunidades óbvias de me conhecer melhor, como um almoço especial no qual cada um de nós tenha que levar seu prato favorito.

DESTACANDO-SE COMO VENDEDOR

Professor: Seu ponto forte é a compreensão. Sua capacidade de individualizar seus clientes permite que você adapte sua oferta para atendê-los melhor.

- Dê-me todos os seus números de telefone. Diga-me que posso ligar a qualquer hora, por qualquer motivo. Você coloca as prioridades dos outros acima das suas. Precisa se sentir necessário. Isso o leva a deixar tudo de lado para responder a uma pergunta ou explicar uma proposta. Graças à atenção sincera que me proporciona, você faz com que eu me sinta importante e valorizado.
- Um de seus dons como vendedor é não precisar ter todas as respostas. Você me diz o que sabe e depois me deixa tirar minhas conclusões. Admiro e aprecio esse comportamento.
- Como Professor, você também é um ótimo aluno. Aprenda comigo. Peça-me que compartilhe o que sei. Deixe-me falar sobre meu mundo. Vou perceber que você está mesmo interessado e assim vou querer tê-lo por perto.
- Você tem sucesso graças a uma abordagem extremamente individualizada como vendedor. Com isso, vai prosperar em

cargos nos quais não precise partir para cima com um produto, e sim tenha que avaliar por completo as necessidades do cliente e depois elaborar uma proposta personalizada. Quanto mais individualizado for esse tratamento, mais bem-sucedido você será.

- Apesar de seu estilo de venda gerar relações de negócios duradouras, é possível que você perceba que sua abordagem precisa de um ciclo mais longo até ser concluída. Talvez seja bom ter um Influenciador como parceiro quando for começar uma nova relação de venda ou, se isso não der certo, focar em cargos que possibilitem um ciclo de venda mais extenso.
- Você prospera ao demonstrar todas as características do produto. Posso ver que não segue o manual simplesmente, mas que está comprometido de verdade em garantir que eu aprenda como o produto pode me ser útil de muitas maneiras. Só não deixe de perceber quando seu entusiasmo superar meu interesse.

DESTACANDO-SE NO ATENDIMENTO AO CLIENTE

Professor: Seu ponto forte é me ajudar a aprender algo novo sobre minha situação.

- Sempre procure oportunidades de me ensinar. Diga: "Você está usando X, mas Y vai ser melhor para você. Isso por que..."
- Se há um atalho ou uma maneira de contornar um problema, mostre. Quando souber como posso usar meu produto ou serviço com mais eficiência, compartilhe a informação comigo. Esse aprendizado gera lealdade.
- Faça muitas perguntas a fim de descobrir meu nível de conhecimento do produto e então me ensine a partir daí. Deixe claro que, seja qual for meu conhecimento, é um ótimo ponto de partida. Assim me sentirei melhor.

- Dê-me oportunidades de mostrar o que sei. Estarei mais apto a ouvir e a aprender depois que você reconhecer minha experiência.
- Compartilhe o que você sabe, o tempo todo. Procure meios de permanecer em contato comigo, de me falar sobre alterações nos produtos, novas ofertas e oportunidades de aprender mais sobre o que comprei de você. Um informativo mensal ou um blog semanal, por exemplo, seriam muito úteis.
- Você faz com que eu me sinta mais seguro por estar interagindo com você. Com isso, tenho mais discernimento e confiança. E o mais importante: sei que posso contar com uma pessoa confiável, a quem posso recorrer se tiver problemas no futuro.

Provedor

DEFINIÇÃO

Você começa perguntando: "*Estão todos bem?*" Está o tempo inteiro atento ao estado emocional dos outros, principalmente quando nota que estão se sentindo magoados ou menosprezados. Você é inclusivo e está sempre procurando maneiras de atrair as pessoas para o grupo e de fazer com que se sintam queridas, ouvidas e admiradas. Presta muita atenção nas diferenças entre elas, em cada coisa de que gostam ou desgostam e também seus pontos fracos. *Esse é o único modo de chegar até os sentimentos delas*, você pensa.

Você é superprotetor e ficará irritado ou com raiva se vir um comportamento que faz pouco caso dos sentimentos alheios. É um amigo muito leal e generoso, mas não é ingênuo. Apesar disso, sua grande tolerância tem um limite e, se o comportamento de alguém o ofender, você o excluirá do seu grupo de amigos. Mas esse exílio não irá durar muito porque, no íntimo, você acredita que todos possam ser compreendidos, redimidos e perdoados.

Em casa ou no trabalho, muita gente confiará em você e contará com seu apoio. Você é um porto seguro, um amparo constante num mundo que não se importa com nada. E as pessoas o amam por isso.

VOCÊ NO SEU MELHOR MOMENTO

- Você entende os sentimentos alheios. Sente que é sua responsabilidade reconhecê-los e manifestá-los.

- Você não julga e tem o dom de criar um ambiente seguro no qual as ideias e os sentimentos das outras pessoas podem ser ouvidos. Elas compartilham mais com você porque baixam suas guardas. Ideias, soluções, experiências, tudo isso acontece com mais frequência quando você está por perto.
- Você é um bom ouvinte e grava detalhes importantes das conversas que trava. Assim, todos se sentem ouvidos e reconhecidos quando estão em sua companhia.
- Você conquista a confiança das pessoas. Elas sabem que você colocará os interesses delas em primeiro lugar – e que guardará seus segredos. *Você me protege*, elas pensam. *Você cuidará de mim*. É a cola que mantém a equipe unida.
- Você também é a graxa. Tudo flui melhor à sua volta, pois a confiança é um acelerador.
- Você pode ser um defensor ardoroso do ponto de vista alheio. Talvez não consiga tomar uma decisão difícil sozinho, mas, uma vez que a questão se refira a outra pessoa, você é muito corajoso. Adquire força a partir das carências e dos sentimentos alheios e da garantia de que as necessidades dos outros estão sendo satisfeitas. Você se destaca ainda mais quando faz isso.
- Você é emocionalmente criativo – vê as coisas do ponto de vista do outro e sabe que o que você vê é verdadeiro e válido. Isso significa que pode agir com base nesses sentimentos de modo a evitar resultados emocionalmente perigosos, como o pedido de demissão de um funcionário ou conflitos entre colegas de trabalho.
- Você tem uma memória excelente – é capaz de se lembrar da pessoa que estava envolvida em um assunto, de quais eram os interesses dela, do que estava em jogo e de qual pode ser seu estado emocional agora.
- Você é sensível e poderá ficar na defensiva se notar que seu ponto de vista não está sendo considerado.
- Por causa dessa sensibilidade, as outras pessoas podem acabar irritando-o com relativa facilidade.

COMO SE DESCREVER (EM ENTREVISTAS E AVALIAÇÕES DE DESEMPENHO)

- "Sou capaz de perceber os sentimentos das outras pessoas, sejam clientes, sejam colegas."
- "Os outros parecem confiar em mim rapidamente. Isso acontece porque não os julgo. Acho muito fácil me colocar no lugar deles."
- "Com relação a encontrar soluções, descobri que me destaco na etapa de brainstorming, quando meus colegas precisam se sentir bem para compartilhar todas as ideias que tiverem."
- "Geralmente sou capaz de me lembrar de fatos sobre as pessoas – aniversário, comida preferida, nome dos filhos. Isso faz com que elas se sintam especiais."
- "Sou uma pessoa extremamente leal. Às vezes, até demais. Tenho várias amizades duradouras e defendo meus amigos em qualquer situação."
- "Muitas pessoas contam comigo. E gosto disso."

COMO CAUSAR UM IMPACTO IMEDIATO

- **Comece medindo a temperatura da equipe.** Você tem uma ótima noção da empresa na qual está entrando – quem se relaciona com quem, quem são seus heróis, quais são as histórias de guerra –, então apure esse conhecimento ouvindo e observando de perto. O que é dito diante de todos? O que é dito apenas nos corredores, depois da reunião? Que projetos extraíram o melhor da equipe? Em que pontos a equipe teve dificuldade? Quem são os líderes? Quem são os encrenqueiros?
- **Conheça os encrenqueiros primeiro**, pois eles se consideram incompreendidos. Você tem o dom de permitir que as pessoas expressem o próprio ponto de vista e de ouvir o que dizem sem criticar nem desprezar. Essa abordagem faz com que os encrenqueiros saiam da defensiva e tenham um comportamento mais saudável e produtivo.

- Se não houver encrenqueiros na equipe, **comece por aquelas pessoas que mais precisam de ajuda**. Em que estão tendo dificuldade? Que aspecto do trabalho está atrapalhando sua produtividade? Como você pode ajudá-las? Se não puder, tem como lhes fornecer os recursos necessários?
- Assim que for possível, **assuma um projeto ou tarefa específica**. Claro que você não deve se intrometer na área de um colega, mas, assim que tiver oportunidade, ofereça-se para assumir a responsabilidade por uma meta bem-definida. Você conseguirá atingir o resultado esperado – porque é uma pessoa responsável – e começará a construir a reputação de um profissional com quem se pode contar.
- **Identifique situações que requeiram que você ouça atentamente as preocupações e os segredos das pessoas.** Sua capacidade de guardar segredos é tão natural que você pode não dar valor a ela. Reconheça que se trata de uma característica rara e se envolva em situações nas quais ela seja uma das condições primordiais para o sucesso.

COMO ELEVAR SEU DESEMPENHO A OUTRO PATAMAR

- **Crie uma base de aliados.** Quem está protegendo quem? Quem está cuidando de você? Você se fortalece ao saber que está cercado de gente com quem pode contar. Em meio a todo o egocentrismo e à ambição pessoal, crie uma pequena "família" profissional na qual confie totalmente. Você sempre se destaca quando está protegido por algumas pessoas escolhidas a dedo.
- Sua necessidade de ter uma família profissional não deveria impedi-lo de assumir novos compromissos. Apenas saiba que, quando você assumir uma nova posição, sentirá falta dessa proteção e se verá exposto. **Neutralize esses sentimentos começando a criar uma nova família o mais rápido possível.** Encontre um pessoa na qual possa confiar, cuide da relação e cultive outras a partir daí.

- Crie um ritual de reunir sua equipe no início de cada semana, de modo que possa falar sobre responsabilidades. **Peça ao seu pessoal que cumpra compromissos específicos.** Você se mostra mais entusiasmado, autêntico e persuasivo quando sugere às pessoas que deem um passo adiante e assumam a responsabilidade por seus trabalhos.
- **Encontre exemplos de como membros da equipe se apoiaram no passado e depois compartilhe-os com os demais.** As pessoas têm que ser lembradas com frequência de que precisam umas das outras, de como são vulneráveis se consideradas individualmente e de como o apoio mútuo pode ser importante. Muitas irão recorrer a você para obter esses lembretes.
- Você tem o potencial de liderar grandes grupos. As pessoas vão querer ser conduzidas por você. Elas sabem que têm alguém que cuidará de seus interesses, que as defenderá, que irá esperar que tomem uma iniciativa e façam uma contribuição ainda maior. **Portanto, aprenda a transferir para elas seu senso de responsabilidade.** Use histórias, exemplos, heróis e testemunhos de sucesso para mostrar a elas o que é a verdadeira responsabilidade pessoal em seu mundo.
- **Busque situações complexas nas quais não haja confiança e os conflitos dominem o ambiente.** Por meio de suas ações e de seu comportamento você pode ser um agente de transformação, servindo de exemplo de responsabilidade pessoal e de estabilidade. Essa é uma contribuição enorme para um mundo marcado pela desconfiança.

COM QUE VOCÊ PRECISA TOMAR CUIDADO

- Você tende a evitar o conflito quando está envolvido nele, até finalmente explodir de uma maneira que pode surpreender os outros, por fazê-lo parecer irracional. Como costuma se defender somente quando se vê encurralado a ponto de ter seus valores questionados e desafiados, **cuide**

para usar esses valores como escudo, antes que seja tarde. Assim, seu posicionamento firme será previsível para seus colegas.

- Você não é politicamente astuto por natureza. Acha que todos são tão responsáveis e inclusivos quanto você. Mas não são. Por isso haverá momentos em que será surpreendido e se decepcionará com o egoísmo flagrante das outras pessoas. **Quando isso acontecer, concentre-se nas histórias positivas.** Lembre-se de que as pessoas podem ser egoístas, mas também podem ser dignas de confiança, cuidadosas e generosas. Essas histórias irão colocá-lo no rumo certo.
- As pessoas adoram compartilhar. Gostam de contar histórias sobre colegas, algumas das quais podem ser depreciativas. Resista à tentação de acreditar em tudo o que ouve. Antes de se compadecer dos ofendidos, de tomar suas dores e tentar fazer algo a respeito, **busque os fatos.** As queixas podem ser imaginárias e, assim, sua responsabilidade talvez seja ouvir quem está reclamando e tentar resolver o problema.
- Como você está muito atento à responsabilidade pessoal, outras pessoas com padrões morais não tão altos quanto o seu podem decepcioná-lo. **Aprenda a superar isso e a criar expectativas reais: "O que farei da próxima vez?"**
- Poucas pessoas são tão inclusivas quanto você. Há sempre um equilíbrio delicado a ser alcançado entre a necessidade de ser incluído e a necessidade de se sentir especial. Provavelmente você cometerá o erro de incluir todas, fazendo com que nenhuma delas se sinta especial. **É bom envolver todo mundo, desde que cada um tenha uma responsabilidade específica.** A responsabilidade gera expectativa e uma noção de valor. Nós nos sentimos valorizados quando algo é esperado de nós.
- Haverá momentos em que você será excluído. Tente não levar isso para o lado pessoal. **Trata-se apenas de uma consequência do fato de que nem todo mundo sente essa sua necessidade de incluir todos.**

DESTACANDO-SE COMO LÍDER

Provedor: Seu ponto forte é conquistar a nossa confiança. Você nos protege, apoia e defende. Todos contamos com você.

- Continuamos leais a você porque você se preocupa profundamente com o que estamos vivendo. Proteja essa confiança; ela é sua maior vantagem como líder.
- Nós o seguimos porque sabemos que você nunca deixa ninguém para trás. Ficamos ao seu lado porque você também garante que nossos pontos fortes sejam utilizados na busca do objetivo. Precisamos sentir que somos valorizados. Reserve um tempo para nos dizer por que somos especiais.
- Continue criando sua base de aliados. Você precisa de uma equipe de gerenciamento forte e confiável sempre ao seu lado. Para você, essas pessoas são quase uma segunda família – e dá trabalho manter um grupo desses. Mas cuide de seus aliados, pois com eles você alcançará seu melhor desempenho. Sem eles, porém, irá se sentir surpreendentemente vulnerável.
- Você sabe se adaptar às mudanças. Se as coisas não saírem como planejado, perceba as novas possibilidades criadas. Quando mostra que não está preso a uma única maneira de realizar as coisas, você nos deixa livres para usarmos nossos pontos fortes na busca da solução. Essa abordagem aberta gera flexibilidade e acelera o que precisa ser feito para atender nossos clientes.
- Em uma reunião caótica, com um cliente irritado ou na abordagem de um problema material, use seu talento para a perseverança. Saber que você estará ao nosso lado e que irá nos apoiar nas horas difíceis do dia nos dá força para seguirmos em frente.
- Compartilhe histórias de sucesso. Você sempre volta sua atenção para as vitórias. Faça com que esses casos de êxito cheguem até nós. Isso reforçará nossa lealdade.

DESTACANDO-SE COMO GERENTE

Provedor: Seu ponto forte é o apoio inabalável que me oferece. Confio que você nunca me deixará perdido, exposto nem desprotegido.

- Sei que você me ampara. Posso contar que fará o que for preciso para me proteger, mesmo que seja me repassar um feedback ruim sobre algo que preciso mudar. Você é leal a mim e eu sempre serei leal a você.
- Trabalhe ao meu lado e me veja fazendo as coisas direito. Você volta sua atenção para o que está dando certo e essa abordagem otimista no gerenciamento do meu desempenho é extremamente encorajadora. Você não ignora meus erros, mas os contextualiza dizendo algo como "Da próxima vez, tente tal coisa...". Isso me diz que quer que eu seja bem-sucedido. E funciona.
- Você é intuitivo. Capta as energias sutis do ambiente e toma cuidado ao tratar delas. Sabe remover os excessos e organizar as coisas. Admiro-o por isso.
- Dê-nos liberdade para escolhermos as ações adequadas para auxiliar nossos clientes. Quando você nos delega poder para tomarmos boas decisões e não nos atrasa exigindo que o consultemos antes de oferecer uma solução ao cliente, sentimo-nos valorizados e dignos de confiança. E isso aumenta nossa motivação.
- Estimule conversas sinceras que não tenham relação com trabalho. Seja durante um almoço, seja em um programa informal fora da empresa, use o poder das relações verdadeiras para unir nossa equipe.
- Sua sensibilidade tem dois lados. Posso me mostrar vulnerável diante de você, mas às vezes é difícil para mim lhe fazer uma crítica. Consigo vê-lo assumir a defensiva. Neutralize isso buscando feedback proativamente e mantendo a curiosidade sobre o que for falado.

DESTACANDO-SE COMO VENDEDOR

Provedor: Seu ponto forte é a compaixão. Como você realmente se importa, faz de tudo para servir aos melhores interesses do seu cliente. Seu caráter protetor ajudará os clientes a sentir segurança com seu conselho.

- Faça perguntas. Inicie nosso relacionamento descobrindo do que realmente preciso e depois deixe claro que você só está me vendendo o que me interessa. Acho essa postura sincera e dedicada.
- Se eu pedir alguma coisa que você saiba que não vai funcionar, desafie-me com suas perguntas. Ao demonstrar em seus conselhos uma preocupação verdadeira, consegue extrair minhas melhores reflexões com tato e simpatia. Você me ajuda a *me* ajudar.
- Tente estar sempre em sintonia comigo. Você percebe as emoções dos outros. Por conta da sua sensibilidade, é capaz de captar a energia de um ambiente e de notar sinais sutis e silenciosos durante uma reunião.
- Seu instinto lhe diz que você deve sempre me oferecer um acordo. Isso é ótimo, mas, para se precaver, defina antes qual é o seu menor limite. Cuide para nunca passar disso, caso contrário posso sentir que estou tirando proveito de você. (Você pode até levar um colega às reuniões, alguém capaz de mantê-lo dentro do limite e salvá-lo de si mesmo.)
- Depois do contato inicial, permita que eu volte a consultá-lo. Você deve começar nossa relação da maneira como quer que ela continue – isto é, com você ouvindo as minhas necessidades e respondendo a elas.
- Se houver uma escassez de produto ou um recall, sei que ouvirei a notícia primeiramente de você, que está mais preocupado com nossa relação e com a garantia de que eu esteja preparado para o sucesso do que em defender sua empresa. É um alívio não ter que ouvir desculpas esfarrapadas. Apenas conserte o problema.

DESTACANDO-SE NO ATENDIMENTO AO CLIENTE

Provedor: Seu ponto forte é ter noção da nossa parceria. Sei que você quer mesmo que eu me dê bem.

- Você se conecta imediatamente com meus sentimentos e os valoriza. Isso me tranquiliza e me ajuda a ser claro quanto ao que estou pedindo. Repita meu problema para mim, de modo que eu saiba que você está entendendo tudo.
- Se vir uma oportunidade de me ajudar fora do escopo do nosso acordo/projeto, faça-o. Você entende minhas necessidades e ultrapassa os limites para garantir meu sucesso. Não me esquecerei de sua flexibilidade e iniciativa.
- Você se mostra disponível. Quando telefono, interrompe o que está fazendo a fim de me ajudar. Tenho a impressão de que age assim com todo mundo, mas de algum modo você me faz crer que estou recebendo um atendimento personalizado. Essa é uma de suas armas secretas. Aperfeiçoe-a.
- Sei que depois que um problema for resolvido você entrará em contato para descobrir se fiquei satisfeito. Você não tem ideia de quanto valorizo essa atitude. Para destacar sua iniciativa, defina um horário para colocá-la em prática e cumpra-o. Esse tipo de acompanhamento é raro.
- Continue rigoroso na seleção de sua equipe. Você vê o melhor das pessoas e costuma dar oportunidades para alguém que talvez não corresponda aos seus padrões. Tome cuidado com isso. Faça suas entrevistas somente com uma equipe ao seu lado – eles controlarão seu lado generoso e, com o tempo, irão ajudá-lo a manter sua reputação de apenas atrair e recrutar os melhores.

Vinculador

DEFINIÇÃO

Você começa perguntando: "Que pessoas eu posso juntar?" Você vê o mundo como uma rede de relacionamentos e se empolga diante da possibilidade de conectar indivíduos de seus contatos. E não porque eles irão gostar uns dos outros – embora isso seja possível –, mas pelo que criarão juntos. Quando está otimista, você não vê praticamente nenhum limite para o que as pessoas com qualidades e crenças diferentes são capazes de criar.

Você é curioso por natureza: sempre faz perguntas sobre a origem, a experiência e as habilidades de cada um. Instintivamente sabe que todo ser humano traz ao grupo algo de único e distinto, que, por menor que seja, pode acabar virando o ingrediente essencial.

Você guarda na memória uma enorme rede de pessoas que conheceu e com as quais aprendeu. Todas elas você classificou e posicionou em algum lugar dentro dessa rede – em que cada pessoa se conecta com pelo menos outra e representa uma porta aberta para que mais uma conexão seja acrescentada. As pessoas se aproximam porque você se mostra muito apaixonado pelo conhecimento específico delas e porque tem muitas ideias práticas sobre como esse conhecimento pode ser combinado com o saber e a experiência dos outros. Você revigora e amplia a visão dos indivíduos a respeito de quem são e o que podem realizar. Você é um vinculador, unindo-os numa rede que se torna algo muito maior e mais importante do que eles mesmos.

VOCÊ NO SEU MELHOR MOMENTO

- Você pensa em termos de possibilidades. "Não seria ótimo se juntássemos esta pessoa àquela?"
- Você é um multiplicador, que sempre tenta unir duas coisas para construir algo maior e melhor que o que já existe.
- Seu principal impacto se dá por meio da sua noção do que pode vir a ser e de seu entusiasmo com a combinação entre pessoas ou de pessoas com tecnologias, projetos e ideias.
- Você cria uma mudança de cultura, pois une as pessoas a fim de realizar algo – sabe que não há modo melhor de fazer com que confiem umas nas outras do que colocando-as para trabalhar juntas.
- Você facilmente inclui novas contratações na equipe. Como é capaz de mobilizar as pessoas com rapidez, torna equipes e organizações mais fortes em pouco tempo.
- Você é um catalisador. Acelera as reações entre duas pessoas ou dois grupos ou entre uma pessoa e um desafio.
- Você estuda os indivíduos. Tem curiosidade de descobrir suas qualidades e talentos únicos. Assim que conhece alguém, você se aprofunda, fazendo uma pergunta após a outra, e quanto mais entende a pessoa, mais é capaz de ver como conectá-la com outras – dentro ou fora da organização.
- Você também estuda fatos, tecnologias e produtos. Cada novidade que aprende é uma matéria-prima. Pode usar isso para criar um novo amálgama de pessoas, produtos e ideias.
- Você sempre tem uma carta na manga. Quando se vê encurralado, tem certeza de que conhecerá alguém com quem poderá contar. Sua "caixa de ferramentas" de pessoas é grande e está sempre aumentando.
- Esse talento lhe confere uma aura de autoconfiança – e de otimismo. Você tem uma visão extremamente positiva do mundo e das pessoas em geral e sabe que, com um pouco de reflexão, será capaz de vasculhar sua memória e encontrar alguém que tenha potencial para resolver as coisas.

- As outras pessoas gostam de contar com você. Elas se aproximam porque veem que você está interessado em suas melhores qualidades, porque irá associá-las a alguém que pode complementá-las e porque você encontra meios de elas se tornarem úteis.
- Você é cativante e persuasivo. As pessoas tendem a fazer o que você pede graças ao seu talento de criar uma imagem do "que pode vir a ser".

COMO SE DESCREVER (EM ENTREVISTAS E AVALIAÇÕES DE DESEMPENHO)

- "Sou fascinado pelas qualidades e pelos talentos das pessoas."
- "Sou muito bom em descobrir quem deve trabalhar com quem e por que motivo."
- "Sou um colecionador. Coleciono informações sobre pessoas e memorizo tudo, de modo que sempre sei a quem recorrer em caso de necessidade. Por exemplo..."
- "Adoro juntar pessoas de diferentes departamentos da organização para um projeto especial. Foi assim que fiz no meu último emprego..."
- "Para mim, o mais importante é a velocidade. Quero tratar logo de um novo assunto e descobrir a pessoa certa a ser relacionada com ele."
- "Adoro o raciocínio do tipo 'não seria ótimo se...'. Estou sempre elaborando novos projetos e planos."
- "Sou bom em convencer as pessoas a deixar de lado suas diferenças e a se unir para que algo seja feito."

COMO CAUSAR UM IMPACTO IMEDIATO

- Você tem sorte. Tem iniciativa. Seus instintos fazem com que procure e estabeleça um vínculo com novos colegas. Seu interesse sincero por eles sem dúvida fará com que você seja estimado. **Libere seus instintos.**

- **Comece a criar um relatório sobre sua nova rede de contatos.** Anote o que você aprendeu sobre a área de atuação, os interesses ou as experiências de cada pessoa e suas primeiras impressões sobre como ela agrega valor à equipe.
- **Encontre uma oportunidade de surpreender um colega com a utilidade da sua rede de contatos.** A maioria de nós não acrescenta pessoas à nossa lista mental de potenciais recursos de maneira constante e por isso não tem muita gente com quem contar na hora de fazer algo ou de resolver um problema. Mas você é diferente. Portanto, assim que encontrar a situação certa, vasculhe seus contatos e anuncie a pessoa indicada ou o especialista capaz de solucionar uma questão urgente.
- Quando você sentir que tem uma oportunidade de mostrar sua capacidade, **coloque em ação seu "raciocínio probabilístico"**. (Não tente isso antes de estabelecer sua credibilidade, ou os outros podem rejeitar suas ideias, tachando-as de presunçosas.) Sua força está no fato de que as possibilidades que você tem em mente não são teóricas. Você pensa em termos práticos: "Vamos unir esta pessoa àquela e depois direcioná-las para este projeto específico." Suas ideias podem não ser aceitas de imediato, mas sugiro que insista. Continue a oferecer esses cenários hipotéticos. Em pouco tempo seus colegas passarão a contar com você como uma fonte de ideias práticas.
- Certifique-se de **voltar essas ideias hipotéticas para a resolução de problemas existentes,** e não para a criação de algo completamente novo. As pessoas costumam se mostrar imediatamente gratas a quem resolve problemas. Em relação aos inovadores, porém, elas podem se sentir desconfiadas.
- **Mantenha suas redes sociais sempre atualizadas com conteúdo novo e interessante.** Você costuma fazer isso de forma regular, mas, às vezes, como acontece a todos nós, outras exigências da vida roubam todo o seu tempo. Sabendo que você é o Vinculador entre nós, vamos contar com você para manter nossa rede de relacionamentos. (Se for muito difícil

dar conta de atualizar muitas redes sociais, procure relacionar uma com a outra automaticamente.)

COMO ELEVAR SEU DESEMPENHO A OUTRO PATAMAR

- **Fique atento.** Aonde quer que você vá há uma chance de criar conexões. Em todos os lugares existem pessoas interessantes, não somente no trabalho ou nos eventos profissionais, mas também sentadas ao seu lado no avião, na festa de aniversário do seu filho ou na reunião da igreja.
- Você se sente inspirado por pessoas extremamente talentosas, por isso **tente encontrar ao menos dois grupos de especialistas nos quais você possa exercer um papel de liderança ou organização.** Não importa muito a área de atuação do grupo. Para você, é revigorante ouvir as discussões e os pontos de vista diferentes desses "mestres". Ouça com atenção e é bem provável que você logo visualize uma nova missão, uma nova possibilidade.
- **Obrigue-se a vincular alguém a algo todos os dias**. Por exemplo, envie um e-mail por dia começando com "Pensei em você quando li isto..." e depois inclua duas ou três frases sobre como essa pessoa pode tirar proveito do que você lhe enviou. Nós contamos com você para descobrir novas possibilidades práticas, por isso certifique-se de criar uma conexão clara entre o que enviou e o que o destinatário pode ser capaz de fazer com a informação.
- Para aumentar sua rede de contatos, **vá além dos lugares e dos programas sociais de sempre**. Uma ou duas vezes por ano, invista numa experiência de grupo interessante – uma viagem de bicicleta, uma caminhada beneficente, uma expedição de rafting – e vá sozinho. Dada sua natureza, é quase certo que você irá encontrar alguém que o inspirará a estabelecer mais um vínculo.
- As pessoas sempre se sentirão atraídas por você, por causa das possibilidades que você vê nelas e naquilo que elas podem

criar com os outros. **Aperfeiçoe-se na descrição dessas possibilidades** – seja mais detalhado nas suas explicações sobre por que e como duas pessoas se complementarão tão bem –, e você se tornará extremamente eficiente em fazer com que coloquem suas ideias em prática.

- Quando estiver pesquisando um assunto, procure o artigo, livro ou trabalho mais recente; leia a bibliografia, identifique as fontes mais usadas e **depois consulte-as, de modo a aprofundar seus estudos**.
- Claro que nem todo mundo tem o mesmo nível de influência – alguns têm mais poder do que outros. **Identifique as pessoas mais influentes da sua rede de contatos** e se programe para ter uma conversa importante com elas todos os meses.
- Sempre parta do pressuposto de que as pessoas – até mesmo as mais realizadas e famosas – querem se relacionar com você. **Se ficou impressionado com um produto, procure o inventor e ligue para ele. Se gostou de um livro, entre em contato com o autor.** Mesmo que suas tentativas de aproximação não resultem em nada, essas pessoas saberão de sua admiração e seu interesse certamente irá estimulá-las a criar mais.

COM QUE VOCÊ PRECISA TOMAR CUIDADO

- A diferença entre alguém que se diz amigo de famosos e alguém que constrói uma rede de contatos é o follow-up, o acompanhamento. O seu poder não está nos nomes existentes na sua rede, e sim na **sua capacidade de unir pessoas que não tenham relação entre si para fazer com que algo aconteça**. Seus amigos e conhecidos vão ficar empolgados quando você lhes disser que conhece alguém que pode ajudá-los, mas vão se decepcionar se você não fizer a conexão, o que poderá começar a arruinar sua reputação.
- Quando conectar duas pessoas, faça isso direito – **seja detalhista e específico**. Ao apresentá-las, ressalte os pontos fortes ou as experiências de cada uma delas, explique por que você

acha que se complementam e o que poderia acontecer se trabalhassem juntas. As pessoas são ocupadas e é difícil chamar a atenção delas, por isso os detalhes são tão importantes.

- **Peça permissão antes de ligar pessoas.** Todos damos valor ao nosso tempo. Se você se descuidar e conectar os outros a esmo, eles poderão vê-lo como um perigo para o tempo deles e passarão a se proteger de você e de suas ideias.
- **Não se transforme em um "encaminhador".** Nunca envie um mesmo e-mail genérico para uma porção de gente na esperança de que pelo menos alguém tire proveito disso. Trata-se da pior forma de criar uma rede de contatos. Isso mostra que você nos vê como uma massa indistinta de gente e nos deixa irritados.
- **Não fique desapontado se seus telefonemas não forem retornados.** Algumas pessoas precisam de muita insistência antes de darem uma resposta. Desde que você mencione os detalhes da razão de estar entrando em contato com aquela pessoa, sua tentativa será considerada respeitosa e irá gerar boa vontade.
- Ao identificar figuras influentes dentro da sua rede de contatos, lembre-se de que às vezes a pessoa mais importante dentro de uma organização é a número dois. Talvez a número um seja aquela que tem a ideia original, a visionária. Mas **a segunda pessoa é, na verdade, aquela cujas conexões se espalham mais fortemente pela organização.** É ela que você precisa conhecer se quer fazer com que as coisas aconteçam.

DESTACANDO-SE COMO LÍDER

Vinculador: Seu ponto forte é a capacidade de enxergar o que há de melhor em nós. Sentimos que, se nos apoiarmos em você, você nos transformará num componente vital de algo importante. Por isso nos cativa tanto.

- Diga-nos como é importante para você que sua empresa seja uma "amiga da comunidade". Todos queremos saber que fazemos parte de algo maior do que nós mesmos – uma comunidade de pessoas e empresas que contam umas com as outras. Você nos ajuda a ver essas relações.

- Mostre-nos as coisas práticas que podemos fazer para nos conectar com a nossa comunidade. Desafie-nos a pensar em novos modos de nos aproximarmos dos vizinhos. Divulgue ações de caridade. Sugira que doemos roupas a um bazar beneficente. Apresente o projeto de um evento esportivo em prol de um hospital da cidade.
- Você se destaca em momentos de crise. Sabemos que nunca vamos ficar numa pior porque você conhece alguém que conhece alguém que conhece alguém que pode resolver as coisas. Nas reuniões de equipe, conte-nos histórias de como resolvemos as coisas "quando ficamos sem eletricidade por 12 horas". Essas histórias irão nos inspirar e nos dar a confiança de que podemos lidar com quaisquer situações ou emergências.
- Você está sempre pensando nas pessoas, nas ideias e nas tecnologias que pode combinar para criar algo novo. Adoramos isso porque nos dá firmeza. Sabemos que há experiências e projetos novos à nossa espera. Reforce nossa segurança contando-nos regularmente histórias sobre as conexões que você criou.
- No seu afã de encontrar a combinação perfeita de pessoas para realizar o trabalho, você quebra barreiras entre os funcionários e os departamentos. Isso assustará alguns profissionais. Entenda esse medo e depois aprenda a mostrar a eles como suas ações trarão benefícios para todos.
- Mantenhas suas conexões atualizadas. Inclua gente nova e inusitada em suas combinações. Gostamos de saber que podemos ser os próximos.
- Você é ótimo em delegar tarefas. Apenas se certifique de que também o vejamos arregaçar as mangas. Precisamos saber que você está tão disposto e é tão capaz de se comprometer com o trabalho quanto nós.

DESTACANDO-SE COMO GERENTE

Vinculador: Seu ponto forte está na construção de equipes surpreendentemente talentosas. Sei que posso contar com sua dedicação quando se trata de escolher a dedo novos membros para as equipes.

- Sua reação natural é olhar para fora da empresa, para as pessoas que estamos tentando servir – o cliente. Lembre-me dessa missão. Isso parece óbvio, mas às vezes os detalhes da minha posição me distraem.
- Em reuniões de equipe ou conversas individuais, descreva-me em detalhes como é a vida do cliente. Fale-me sobre as preocupações dele, seus objetivos e orçamentos. Talvez eu nunca tenha me colocado no lugar dele. Você pode me ajudar a ver o mundo através do olhar dos clientes.
- Gosto de vê-lo interagir com os clientes. O modo como você participa da vida deles, resolve seus problemas, fala a língua deles, tudo isso reforça o objetivo central do meu trabalho.
- Você se dedica a descobrir os talentos únicos necessários a um posto vago – não tem pressa para preenchê-lo a todo custo. Obrigado por nunca se acomodar e não desistir de encontrar a pessoa certa. Precisa nos lembrar de que é assim que as grandes equipes são construídas – uma pessoa competente de cada vez.
- Você tem uma rede tão vasta de contatos que sempre conhece alguém que conseguiu resolver o problema que estou enfrentando. Quando eu estiver empacado, use sua rede para me dar ideias sobre como progredir.
- Você me confia projetos-chave. Tem fé na minha capacidade de resolver problemas. Prezo muito essa liberdade. Também preciso saber que você estará ao meu lado quando eu precisar. De vez em quando, avalie meu progresso.
- Tome cuidado com suas comparações. Você pode ter a tendência de me analisar em comparação com meus colegas ou outras pessoas com as quais já trabalhou. Preciso saber que me distingue dos demais por minhas habilidades únicas.

DESTACANDO-SE COMO VENDEDOR

Vinculador: Seu ponto forte é a rede ativa de contatos. Sua necessidade de mantê-la atualizada e de estar sempre se comunicando com seus conhecidos vai ajudá-los a se sentir valorizados e admirados.

- Como seu cliente em potencial, gosto quando você me visita. Sempre me traz alguma novidade e tem algo para me falar sobre o que sua empresa está fazendo ou o que está acontecendo em nossa área de atuação. Sua rede de contatos me oferece acesso a recursos valiosos que eu não seria capaz de obter sozinho.
- Você parece ter uma rede de contatos infinita. Adoraria encontrar alguns conhecidos seus. Você pode me incluir em um almoço ou jantar ou em alguns eventos nos quais possamos nos conhecer? Organize reuniões, eventos fora do ambiente profissional, seminários e conferências. Gostamos de nos sentir parte de um grupo no qual aprendemos um com o outro. Você pode ser nosso anfitrião e nosso elo, mantendo-nos unidos – entre nós e a você.
- Sempre reserve um tempo para garantir que as pessoas que você me apresenta realmente possam me ajudar. À medida que isso acontecer, eu o verei como uma pessoa cada vez mais confiável.
- Suas referências sempre serão uma de suas armas de venda mais poderosas. Analise sua rede de contatos e organize-a em diferentes níveis. Alguns contatos você usará para novos compradores. Outros você poderá aproveitar quando quiser formar uma parceria.
- Personalize todas as suas interações comigo. Se estiver realizando uma campanha de mala direta, certifique-se de não usar algo genérico e formal como "Caro senhor" e de escrever meu nome à mão. Escreva também algumas linhas à margem, expressando a vontade de me encontrar novamente. Mostre-me que não sou apenas um entre milhões, mas que sou único.

DESTACANDO-SE NO ATENDIMENTO AO CLIENTE

Vinculador: Seu ponto forte são os recursos de que dispõe. Você sempre tem alguém ou alguma ideia que pode ajudar a resolver minha situação.

- Você não deixa nada por fazer. Sei que está trabalhando duro no intuito de encontrar soluções para mim, seu cliente. Coloque-me a par das medidas que está tomando. Preciso seguir sua linha de raciocínio.
- Você realmente ouve minhas necessidades. É leal à sua marca, mas também não hesita em me apresentar outra marca ou produto se acha que serão mais úteis para mim. Admiro isso, porque me assegura que você se importa mais com a minha satisfação do que com o cumprimento da sua cota.
- Gosto do fato de você lidar com meus problemas diretamente. Sinto que é uma pessoa inteligente e que será capaz de me dar uma solução ou de me indicar a pessoa certa para me ajudar.
- Você é eficiente ao me oferecer serviços adicionais que sabe que de fato darão impulso ao meu empreendimento. Seja muito claro quanto aos benefícios e possíveis problemas desses itens. Se fizer bem esse papel, acreditarei que se trata de uma melhora genuína, e não apenas de uma venda extra.
- Você pensa em mim antes como pessoa e depois como cliente. Nunca se esquece do meu nome e toda vez que nos encontramos faz questão de recordar um fato da nossa conversa anterior. Essa conexão me deixa seguro de que você está preocupado com meus interesses, uma vez que prestou atenção no que falei. Crie um sistema – um modo de armazenar nomes, detalhes e pontos específicos sobre mim e outros clientes – que aperfeiçoe esse talento.
- Faça com que eu me sinta detentor de informações privilegiadas. Quando possível, convide-me para os bastidores e deixe-me ver um pouco do seu trabalho. É possível que eu nem sempre aceite a oferta, mas o fato de você mostrar que confia em mim não passará despercebido.

CAPÍTULO 4

Os três princípios dos perfis

COMO DESENVOLVER SEUS PONTOS FORTES POR TODA A VIDA

Mesmo com a ajuda de ferramentas como o sistema de avaliação Destaque-se pode ser bem difícil desenvolver seus pontos fortes por toda a vida.

Todos temos talentos inatos. Espera-se que tenhamos consciência suficiente para reconhecê-los e canalizá-los de maneira adequada, com uma noção exata de propósito e direção. No entanto, apesar de seus talentos serem parte importante de quem você é, é extremamente desafiador entendê-los, controlá-los e fazê-los trabalhar a seu favor.

O desafio mais básico é identificar aquilo em que você é único. Seus pontos fortes são parte de você, esteja consciente deles ou não. E como eles estão tão entrelaçados na sua personalidade, distingui-los pode não ser uma tarefa simples. Certas coisas lhe são tão naturais que você não percebe que se trata de uma habilidade única e simplesmente acha que é seu jeito, nada mais. Ou, melhor dizendo, você nem sequer pensa a respeito disso: apenas faz o que faz porque é algo que lhe vem com tanta facilidade que não requer nenhuma análise. Não que não valorize o que tem de único – é que você não o *vê*. Você pode até mesmo presumir que suas habilidades sejam comuns porque todo mundo também deve tê-las.

Essas questões nos levam ao segundo desafio: as outras pessoas não se importam com o que o torna único. Assim como podemos ignorar nossas qualidades, é ainda mais fácil ignorar as qualidades específicas de outra pessoa. Achamos que, se temos um dom, todos o têm. Ou que, se não temos a tendência natural para alguma coisa, não entendemos por que alguém a teria.

Ninguém se importa com o que o torna único. Ninguém se dedica a identificar aquele grupo especial de talentos que você tem. A escola não o faz – ela quer que todos aprendam o que devem aprender. O trabalho também não o faz – os empregadores estão mais preocupados com o que precisa ser executado. Todas as pessoas da sua vida têm expectativas e exigências que não apresentam necessariamente uma conexão direta com seus pontos fortes. Isso impede que seus dons sejam aproveitados ao máximo.

Talvez você ache que a forma como sua vida foi se desenrolando tenha causado essa dissonância. Mesmo que pare e se pergunte "Qual é o meu talento? O que faço melhor naturalmente? O que faz de mim o que sou?", você se vê cercado por uma multidão que lhe diz o que fazer, ou como agir, desviando-o da melhor maneira de aplicar suas maiores qualidades ao seu cotidiano.

Apesar de seu talento estar entranhado em você, o modo certo de canalizá-lo não está. Mesmo que você ignore os desvios do caminho e identifique os pontos fortes únicos que tem para oferecer, isso não é suficiente. Para ser realmente o melhor possível, não basta entender o que o torna especial: o sucesso sustentável só surge quando você pega o que tem de único e descobre como torná-lo útil.

Seus pontos fortes são, em essência, neutros. Podem ser bem-utilizados ou mal-utilizados. Se você não controlar seus pontos fortes, se não os conhecer e compreender e não decidir conscientemente como aplicá-los da melhor maneira na sua vida, eles vão se manifestar de qualquer modo – mas você não estará no controle dos resultados que irão produzir.

Aqui estão três princípios para orientá-lo na sua jornada pessoal em busca dos seus pontos fortes:

Princípio 1: Seu talento é exato

O pensamento atual sobre eficiência nos aconselha a sermos flexíveis, aprendizes rápidos e versáteis, preparados, dispostos e capazes de passarmos de um desafio a outro. Uma análise mais aprofundada da excelência, porém, revela que nossa maior vantagem – nosso talento específico – é bastante precisa. Todos temos áreas específicas nas quais sempre nos destacamos, nas quais somos capazes de fazer, ver, compreender e aprender as coisas melhor e em menos tempo que 10 mil outras pessoas. E quando estamos nessas áreas, em nossa "zona de força", somos magníficos. Seguros e motivados pelo sucesso, imaginamos que somos capazes de realizar praticamente tudo o que desejarmos.

Mas não podemos. Se sairmos só um pouco da nossa zona de força, nosso desempenho extraordinário cairá para níveis médios de forma assustadoramente rápida.

Michael Jordan constitui um exemplo extremo. Por mais imprudente que possa parecer em retrospecto, Jordan se aposentou da NBA no auge para tentar fazer no beisebol o que já havia conseguido no basquete. Jordan tinha sido uma estrela no beisebol durante o período escolar e, apesar de haver optado pelo basquete na universidade, sempre nutriu o sonho (seu e de seu pai) de se tornar jogador profissional de beisebol. Depois da morte do pai, ele se sentiu impelido a realizar esse sonho. No início, teve uma média de rebatidas de .202 nas ligas menores (pouco acima da chamada "Linha Mendoza" de .200, considerada a média mínima de um rebatedor de qualquer categoria). Mas sua ética profissional no basquete era lendária e ele mostrou no beisebol a mesma dedicação que aplicara ao basquete. Em apenas um ano aumentou sua média para .252.

Um aumento anual de 50 pontos na média de rebatidas é impressionante em qualquer liga. Terry Francona, seu agente na época (e atual dirigente do Boston Red Sox) afirma que, com um pouco mais de trabalho, Jordan podia muito bem ter entrado nas ligas mais importantes – e insiste que, lá, o lendário Michael Jordan seria, na melhor das hipóteses, um bom jogador. E se ele só tivesse feito isso na vida você nunca teria ouvido falar dele.

Depois de uma temporada nas ligas menores, Jordan voltou para o Chicago Bulls para ganhar mais três temporadas da NBA. Ele não era o mesmo jogador de antes – ao menos segundo seu treinador, Phil Jackson. De acordo com Jackson, ele era um jogador melhor, mais apaixonado pelo esporte, mais no controle de suas habilidades e, o que é mais importante, mais ligado a seus companheiros de time.

O tempo longe do basquete não o ensinou que sua carreira no beisebol foi inútil. Durante o período no Birmingham Barons ele aprendeu muito sobre a extensão e os limites de seus pontos fortes, como o que aconteceria com você se decidisse mudar para o que se revelaria mais tarde uma carreira equivocada. Ele aprendeu que você precisa controlar completamente seu talento antes de poder compartilhá-lo com os outros.

Michael Jordan, claro, é um personagem distante da minha realidade. Mas percebi a precisão do talento muito mais perto de mim. Desde cedo minha irmã, Pippa, descobriu que dançava bem – não apenas se movimentando em harmonia com a música, e sim como se seu anjo da guarda a tivesse ensinado durante séculos. Ela frequentava aulas de balé todo dia e, aos 13 anos, entrou na Escola Preparatória do Royal Ballet, onde anos de trabalho a prepararam para se formar na própria Companhia do Royal Ballet e se transformar na perfeita bailarina de balé clássico.

O problema de Pippa era que a "perfeita bailarina de balé clássico", a bailarina que assumiria o papel principal no *Lago dos Cisnes* ou no *Quebra-Nozes*, tinha que ser uma excelente atleta técnica. Esperava-se que ela conseguisse realizar quatro piruetas para a esquerda e quatro para a direita e que repetisse isso várias vezes, sem suar. Mas Pippa não conseguia. Ela era capaz de fazer três piruetas para cada lado, mas não quatro. Após mais de 10 mil horas de prática, o desenvolvimento de seu talento e uma dedicação inacreditável, ainda assim ela não conseguia fazer o que era preciso para se destacar na sua área de atuação. Nesse ponto parecia que ela jamais se tornaria a bailarina principal de uma companhia. Parecia que ela havia escolhido a carreira errada.

Mas não escolhera. Sua carreira não ficou estagnada. Na escola preparatória, Pippa descobriu que não era apenas uma "bailarina", mas uma bailarina com um conjunto de características únicas. Ela era uma bailarina lírica, de belos contornos, forma fluida, pernas compridas e os braços mais expressivos que você já viu. Assim, quando percebeu que jamais se destacaria na companhia de balé à qual tinha dedicado toda a vida, não se deixou abater. Em vez disso, pensou profundamente na natureza precisa de seu talento como bailarina e depois procurou uma companhia de dança muito incomum, a Nederlands Dans Theatre. Lá se especializou em coreografar para bailarinas líricas, cuja principal característica é a graciosidade, e não o atletismo. Depois de alguns testes, foi contratada e passou 10 anos – um período maravilhoso, desafiador e extremamente bem-sucedido – expressando seus pontos fortes únicos na dança.

Para onde quer que você olhe, é possível encontrar exemplos de como o talento é exato. Ellen DeGeneres é uma apresentadora fenomenal? Bem, não. Ela é uma comediante de talento, mas, se a tirarem do seu território e a colocarem como jurada no *American Idol*, por exemplo, seu brilho se apaga. Do mesmo modo, Jon Stewart é um apresentador engraçado, irônico e sempre cativante? Bem, sim... do seu programa de crítica política. Peça-lhe que apresente o Oscar, e sua ironia parecerá condescendente, de modo que as piadas deixarão de ser engraçadas e a plateia se perderá.

Como CEO da Hearst, Cathy Black era um exemplo moderno de executiva da mídia contemporânea: versátil, antenada, atenta e eficiente. Depois da aposentadoria, foi nomeada superintendente das escolas de Nova York – e acabou demitida depois de três meses.

Seu talento será igualmente preciso. Isso não significa que você não deva experimentar coisas novas e tentar desafios diferentes. Você deve. Mas, quando o fizer, saiba que, conscientemente ou não, você levará seu tipo único de talento consigo.

Se quiser se tornar, digamos, um gerente, você não será capaz de ser apenas um gerente qualquer. Seu talento como gerente dependerá dos seus perfis específicos. Do mesmo jeito, se você se colocar numa posição de liderança, será um tipo específico de líder. Se estiver no atendimento ao cliente, irá se destacar de um modo único.

Imagine, por exemplo, que o sistema de avaliação Destaque--se revele que seus dois perfis são Influenciador e Pioneiro. Eis o que seus resultados dizem sobre a vantagem competitiva que você agrega a qualquer cargo e a qualquer equipe:

> Você mantém a inovação como uma de suas prioridades, desafiando-nos a tornar realidade o excepcional. É geralmente o primeiro da turma a possuir o brinquedinho ou aparelho mais recente e adora nos contar histórias de como o conseguiu, como ele funciona, como ele vai revolucionar... tudo. Assim que todos começam a comprar o que você está alardeando, porém, você já está na lista de espera da versão 2.0. Destaca-se apresentando ideias que deixam as pessoas intrigadas. Se percebe um olhar cético, sabe que fisgou alguém. Você não gosta de correr atrás de algo óbvio ou convencional. Se todo mundo está fazendo determinada coisa, você sofre quando tem que segui-lo também. Na verdade, nadará contra a corrente simplesmente pelo prazer de ver se consegue fazer com que alguém o acompanhe.

Aplique essas características a um cargo de liderança e você será o tipo de gerente que desafia, seduz, convence, nunca está satisfeito, quer mais, exige atitude. Trabalhar com você sempre será uma experiência intensa. Mas se essa intensidade será vista por nós, seus funcionários, como revigorante ou exaustiva dependerá de como você irá se sair compreendendo e canalizando seu talento.

Como líder, seu estilo será caracterizado pelo otimismo quanto ao futuro e pela impaciência de nos guiar até lá. Sua noção de que deve seguir o impulso gerado é quase visceral. Ela o definirá como líder. Mas, novamente, se nós, seus seguidores, entenderemos isso como um dinamismo a partir do qual podemos tirar energia ou como mera irresponsabilidade, dependerá da sua capacidade de orientar seu talento.

No atendimento ao cliente, sua força mais evidente será a confiança de que tudo dará certo. Você enfrentará quaisquer obstáculos e trilhará quaisquer atalhos para consertar as coisas para mim, seu cliente. Não está bem claro se isso vai deixar seu cliente feliz em longo prazo, pois você pode se mostrar uma pessoa convencida, do tipo que promete mais do que é capaz de cumprir. Por outro lado, se seus pontos fortes estiverem afiados e orientados, você pode se destacar como o primeiro da linha de frente à disposição dos clientes difíceis que precisam de ajuda com produtos novos.

Você pode se sobressair em qualquer uma dessas posições, assim como em várias outras. Mas tem mais probabilidade de conseguir isso quando entende e respeita como seu talento realmente é preciso.

E isso nos leva ao próximo princípio.

Princípio 2: Você não pode respeitar aquilo de que não se lembra

Num mundo que não se importa com você e com seus pontos fortes, cabe a você aplicá-los *de maneira consciente* todos os dias. Ironicamente, o caráter inconsciente dos seus pontos fortes – o fato de você ser mais autêntico quando mergulha de cabeça no que quer que esteja fazendo – torna essa tarefa bastante difícil. Mesmo assim, se você não se mexer e permitir que seus pontos fortes continuem sendo reações inconscientes, não terá uma corda de segurança à qual se agarrar quando os eventos conspirarem para arrastá-lo, tirá-lo ou atraí-lo para longe do seu caminho.

Michael se formou em engenharia da computação e se tornou programador. Como era bom nisso, trabalhava muito e era confiável, foi promovido a líder da equipe. Ali também se destacou. Ele é ótimo para explicar as coisas. Algumas pessoas ficam impacientes quando novos membros da equipe não entendem algo, mas não Michael. Por algum motivo, quanto mais dificuldade a pessoa tem para entender algo, mais paciente ele se torna. Ele desacelera e a acompanha até que ela compreenda bem a questão, passo a passo. (No idioma do Destaque-se, seus perfis são Professor e Compensador.)

Sua equipe o adorava. E assim ele foi promovido de novo, dessa vez para gerente de projeto.

Agora ele estava sendo pago para administrar todo um projeto para sua empresa, e as qualidades exigidas eram bem diferentes daquelas do cargo de líder de equipe. As duas mais importantes eram criar/testar/recriar o programa à medida que o projeto avançava (Pioneiro) e depois lidar calorosa e cuidadosamente com o cliente (Provedor).

Michael enfrentou dificuldades nessas duas frentes. Ele detestava quando o programa não fazia o que devia fazer e depois o cliente via que ele não cumpria o que prometia. Odiava ainda ter que passar por uma reunião para que o cliente não se sentisse em pânico e por fim ter que repetir todo o processo na reunião de atualização seguinte. Toda vez que o programa fracassava ele precisava encontrar o melhor modo de contornar isso e de tranquilizar o cliente.

Talvez você não ache isso muito ruim. Pode até gostar da incerteza inerente a esse tipo de processo de criação e acompanhamento. Mas não Michael. Ele era capaz de trabalhar assim – ele é inteligente, confiável e dedicado –, mas isso o deixava esgotado. Dia após dia o processo o arruinava, cada vez mais, até que ele surtou. Em suas palavras: "Certo dia eu simplesmente não consegui pôr a chave na porta do meu carro."

Isso aconteceu há 15 anos. E ele não trabalhou nem um dia sequer desde então.

Dizem que o esgotamento acontece do mesmo modo como uma falência: gradualmente, gradualmente e, depois, de repente. Foi assim com Michael. Como gerente de projeto, ele se viu sendo exigido em pontos fortes que não tinha. Sentiu-se cada vez mais fraco, até que, por fim, entrou em colapso. E é naquele dia – no dia do colapso – que ele vive hoje. Quinze anos se passaram e, apesar de ter lutado, ele não conseguiu sair do lugar.

Conversei com ele há alguns dias e, pela primeira vez em muito tempo, ele falou daquela manhã em que tudo parou.

– Eu simplesmente não tinha o que era preciso, Marcus. Não tinha o necessário para conseguir fazer o trabalho. Meu chefe sabia. Todos sabiam.

– Bem, no que você costumava ser bom? – perguntei, com paciência. – O que o fazia gostar mais de ir ao trabalho? Que atividades ansiava por fazer?

A princípio ele não respondeu. Apenas se recostou no sofá, olhando para o teto, e pensei que houvesse me ignorado ou que não quisesse se dar o trabalho de responder. Depois, com um sorrisinho, ele se virou para mim e disse:

– Tutoriais. Eu era muito bom em produzir tutoriais. Adorava fingir que estava olhando para uma tela de computador pela primeira vez sem ter ideia do que fazer, de que botão apertar, que sequência seguir. Ficava feliz em escrever tutoriais úteis de verdade.

O que ele disse foi estranhamente preciso, e mesmo assim, ele o enunciou como se nunca tivesse se dado conta daquilo até então. Com certeza não havia percebido, durante 15 anos – ou pelo menos não com a clareza suficiente. Quando começou a ter dificuldades, com todo mundo sabendo que ele não tinha o que era preciso para ser bem-sucedido no novo cargo, Michael não contava com a consciência dos pontos fortes à qual se agarrar. Acabou acreditando no que todos ao seu redor estavam lhe dizendo, que ele não tinha o necessário para realizar o trabalho, e, aos poucos – e depois de repente –, sua confiança desapareceu. E um dia não conseguiu nem abrir a porta do carro e dirigir para o trabalho.

Não estou dizendo que o que aconteceu a Michael irá acontecer a você. Minha intenção é avisar que a vida vai lhe impor obstáculos. Assuma agora a responsabilidade de se lembrar de quais são seus talentos essenciais, de modo que você possa se agarrar firmemente a eles quando as coisas derem errado. Quando assumir um trabalho que jamais deveria ter assumido, quando seu chefe não o entender, quando sua empresa o demitir, quando você começar a questionar se tem algo de valor a oferecer, entender seus pontos fortes irá mantê-lo concentrado, ajudará você a se reorientar e lhe mostrará o melhor caminho a seguir.

Tudo isso para ressaltar que o mais importante de se submeter à avaliação Destaque-se é você se lembrar dos seus resultados. Foi por isso que optamos por tratar apenas de seus dois perfis mais relevantes. Poderíamos continuar cortando esses perfis em fatias menores e assim nos aprofundarmos no seu terceiro, quarto e quinto perfis, mas o que ganharíamos em complexidade perderíamos em praticidade. Depois de uma semana fazendo a avaliação, você não seria capaz de se lembrar de seus pontos fortes e, como o que você não consegue lembrar não pode ser aplicado conscientemente, boa parte da força do Destaque-se se perderia.

Quando me submeti ao Destaque-se, meus dois perfis foram Criador e Entusiasta. (Se você quer saber o que isso diz sobre mim, leia o Princípio 3, a seguir.) Mas, para ser sincero, no fundo o que importa é que eu me lembro dessas duas palavras. Se eu for capaz de me lembrar delas por uma semana, então será mais provável que eu pense conscientemente em como estou usando meus perfis durante esse período. E se sou capaz de fazer isso, aumentam minhas chances de ter consciência de como aplicarei meus talentos na semana seguinte, e na próxima, e pelos próximos 10 anos.

Para vencer as dificuldades que a vida às vezes nos impõe e se manter no seu caminho, faça a avaliação Destaque-se, lembre-se dos seus dois perfis, pense em como você os canalizará hoje e depois faça o mesmo amanhã. E amanhã...

Princípio 3: Você deve ir além dos seus perfis

A sabedoria convencional lhe diz para sair da sua zona de conforto. No entanto, quando você estuda as pessoas mais bem-sucedidas, descobre que elas fazem algo diferente: elas mergulham fundo em suas "zonas de talento". Elas certamente não se acomodam. É como se percebessem que serão mais produtivas, criativas, generosas e colaborativas se descobrirem quais são seus pontos fortes e passarem a vida aperfeiçoando-os.

Como elas fazem isso? Usando a matéria-prima de suas vidas para agregar detalhes à compreensão de seus perfis. Conforme mencionei, meus dois perfis são Criador e Entusiasta. Como há 72 combinações diferentes dos dois perfis principais, é possível que você possua a mesma combinação. E, se possuir, você e eu temos muitas coisas em comum. Somos pessoas animadas, sempre tentando trazer energia e otimismo a novas ideias. Nós nos destacamos quando conhecemos o assunto profundamente, inventamos histórias sobre nossas ideias e adequamos essas histórias a cada uma de nossas "plateias". Sim, temos que tomar cuidado para não colocar todo o nosso vigor numa ideia antes de a examinar por completo, mas, nos nossos melhores dias, somos uma fonte de animação e de estímulo para nossos amigos, colegas e familiares.

Mas é aí que as semelhanças terminam. O conteúdo de suas ideias, o modo como você as apresenta, como as dramatiza e até suas razões para fazê-lo com certeza serão diferentes dos meus.

Para explorar sua vantagem, use os dois perfis como ponto de partida para investigar como essas características se manifestam no mundo real. Para começar, experimente um exercício que chamo "Amo ou Odeio". Desenhe uma linha no meio das folhas de um bloco de papel, escreva Amo no alto de uma coluna e Odeio no alto de outra e fique com o bloco durante uma semana. Sempre que se vir ansioso por uma atividade ou mergulhando tão fundo numa função que chega a perder a noção do tempo ou ainda se sentindo revigorado depois de realizar uma tarefa, escreva na coluna "Amo" exatamente o que você fez. Por outro lado, quando se perceber adiando uma atividade ou com dificuldade para se concentrar ou ainda se sentindo esgotado e vazio depois de concluir uma tarefa, escreva-a na coluna "Odeio". (Em ambos os casos, certifique-se de escrever apenas as atividades que *você* esteja realizando, e não as que estejam sendo feitas para você.)

Essa tomada de notas de suas reações durante uma semana não irá tomar muito tempo, mas o obrigará a prestar atenção no conteúdo específico de suas semanas e no modo como você se sente quanto ao uso do seu tempo. Em resumo, é a forma mais simples de reunir a matéria-prima de que você precisa para aperfeiçoar seu entendimento sobre seus perfis.

Uso minha combinação Criador/Entusiasta para estudar a individualidade humana, criar sistemas de avaliação dos pontos fortes, escrever livros, falar sobre eles e desenvolver uma empresa que treina gerentes a extrair o melhor de seus subordinados.

Minha irmã também é Criadora/Entusiasta. Ela usa essa combinação para expressar seu lirismo no balé. Depois de se aposentar, de se tornar professora do jardim de infância e de detestar essa função, ela usou a combinação mais uma vez para redirecionar sua carreira para o palco, onde pôde continuar trabalhando com adultos criativos que querem aprender a se apresentar com a mesma graciosidade dela. Concluiu um mestrado em belas-artes e hoje leciona na Escola de Dança Contemporânea de Londres.

Michael não sabia como usar seus perfis e se perdeu. Hoje, depois de 15 anos, ele voltou para a escola e está aprendendo a usar sua combinação de Professor-Compensador para escrever tutoriais on-line.

E quanto a você? Bem, só você pode decidir.

CAPÍTULO 5

Resumo técnico da avaliação de perfis

DESENVOLVIMENTO E VALIDAÇÃO

Pela Dra. Courtney R. McCashland

MINHA MISSÃO DESTAQUE-SE

Todos sentimos que determinados momentos de nossa vida são capazes de moldar todo o futuro. O meu aconteceu aos 21 anos. Eu era veterana na faculdade e cheia de energia. Sou a mais nova de três filhos e meu irmão, cinco anos mais velho que eu, era o membro verdadeiramente talentoso da família. Brilhante, engraçado, encantador – ele atraía todos com seu carisma. Mas estava sempre insatisfeito, buscando aquela liberdade eufórica que você encontra quando dá o melhor de si e faz algo bom acontecer. Do meu ponto de vista, ele desperdiçava muito do que era porque não conseguia escolher uma maneira de usar seus pontos fortes.

Curt se suicidou depois de apenas 26 anos de uma vida turbulenta. Nunca vou me esquecer de quando entrei no quarto mal-iluminado e encontrei meu pai segurando o corpo atlético de 1,82m do meu irmão nos braços. Ele o balançava, sussurrando: "Por favor, Senhor, deixe-nos voltar no tempo. Deixe-nos recomeçar." Essa imagem sempre estará comigo.

Na vida, nós nos descobrimos amaldiçoados ou abençoados por coisas que não podemos controlar. Mas temos escolhas e tempo. O que escolhemos fazer com o tempo é problema nosso. Testemunha da luta e da morte trágica do meu irmão, senti na época, e sinto ainda hoje, uma enorme responsabilidade. A morte de Curt inspirou minha missão de vida: investir meus talentos para ajudar as pessoas a encontrar os talentos delas. Meu trabalho com Marcus no Destaque-se expressa esse meu desejo.

INTRODUÇÃO

Para completar essa missão, Marcus e eu recorremos a dados de uma década de pesquisas realizadas com os melhores profissionais, pessoas que usaram consistentemente seus pontos fortes para o sucesso. Nossa equipe de cientistas e especialistas em psicometria analisou padrões em mais de um milhão de avaliações de talentos; estudou centenas de grupos de discussão, entrevistas e sessões de *coaching*, e examinou os resultados de centenas de milhares de participantes do sistema Strengths Engagement Track (SET). O estudo desses dados expressivos, obtidos ao longo de anos, gerou o conteúdo usado para criar os nove perfis e as descobertas necessárias para medi-los com precisão.

Este resumo técnico oferece respostas a perguntas que você talvez se faça sobre a estabilidade, a confiança e a validade do método Destaque-se.

ABORDAGEM DE PESQUISA

Entre 2000 e 2010 desenvolvemos e aplicamos um inventário de talentos a 435.564 participantes, a fim de descobrir os talentos mais evidentes usados para prever o desempenho profissional em vários ramos e em seis funções corporativas comuns: líder, gerente, especialista, vendedor, atendimento e suporte. Nesse período, mais de 200 grupos de discussão e entrevistas foram conduzidos como parte de 73 estudos de validação criados para descobrir os perfis de funcionários de melhor desempenho em cada função.

Para que os talentos fossem um indicador válido de sucesso, primeiro tínhamos que garantir que fossem, estatisticamente falando, confiáveis. O coeficiente alfa é a técnica estatística mais aplicada para provar a confiabilidade de uma ideia unificada medida por itens múltiplos. A consistência interna de cada talento foi examinada e analisada usando-se o coeficiente alfa de Cronbach. Nas amostras, os coeficientes alfa dos 18 talentos variaram de 0,64 a 0,93, demonstrando uma consistência interna extremamente confiável para o padrão alfa do setor, de 0,6. Apesar de a configuração e o peso de talentos previsíveis variarem de função a função, a Tabela 1 fornece um resumo dos dados dos 18 talentos mais comuns que apresentam tanto alta confiabilidade quanto alta previsibilidade nos vários estudos.

Esses 18 talentos são as pedras fundamentais dos perfis medidos pelo sistema Destaque-se.

TABELA 1: CONFIABILIDADE DE TALENTOS PREVISTOS POR PERFIL

Talento	**Número de itens**	**Coeficiente de confiabilidade alfa de Cronbach (n=94756)**	**Perfil**
Responsabilidade	8	0,68	COMPENSADOR
Estrutura	8	0,79	COMPENSADOR
Solução de problemas	6	0,76	CONSELHEIRO
Bom senso	8	0,69	CONSELHEIRO
Adaptabilidade	7	0,76	CRIADOR
Análise	5	0,76	CRIADOR
Otimismo	5	0,83	ENTUSIASTA
Intensidade	5	0,70	ENTUSIASTA
Persistência	5	0,69	INFLUENCIADOR
Coragem	7	0,70	INFLUENCIADOR
Realização	5	0,75	PIONEIRO
Crença	7	0,68	PIONEIRO
Desenvolvimento	9	0,76	PROFESSOR
Individualização	5	0,77	PROFESSOR
Narrativa	8	0,74	PROVEDOR
Assistência	7	0,84	PROVEDOR
Iniciativa	6	0,64	VINCULADOR
Trabalho em equipe	9	0,76	VINCULADOR

Para complementar os padrões que surgiram a partir desse conjunto de dados quantitativos, analisamos dados qualitativos de entrevistas com funcionários de alto desempenho e identificamos poderosas combinações de talentos que esses profissionais consideram o segredo para o sucesso.

A FERRAMENTA DESTAQUE-SE E A AMOSTRA

O Destaque-se é uma avaliação on-line do talento – padrões inatos de raciocínio, sentimento e comportamento – que mede nove combinações chamadas "perfis". Para medir qual perfil é o dominante, selecionamos um tipo de teste chamado "julgamento circunstancial". No teste de julgamento circunstancial (ou SJT, Situational Judgement Test) padrão, você se depara com várias situações tiradas de ocorrências básicas da função.

Para o Destaque-se, criamos situações a partir de momentos impactantes na vida, nos quais as habilidades pré-existentes de uma pessoa ou seu conhecimento técnico teriam relevância mínima para a resposta. Desenvolvemos centenas de situações e opções de respostas com base nos talentos e em seguida as experimentamos em vários ambientes de teste. As iterações de situações de vida específicas do Destaque-se e as opções de respostas foram revistas para isolar diferenças de personalidade. Depois foram avaliadas em versões preliminares do teste, administradas a 232 mil participantes em várias funções e áreas de atuação no período de 2009 a 2010. As propriedades psicométricas de avaliação foram analisadas para aperfeiçoar as 146 combinações de situações e respostas do Destaque-se.

Os 232 mil participantes que responderam à versão alfa do Destaque-se tiveram a opção de informar seus dados demográficos. N = 6.018 responderam a pelo menos uma das questões demográficas. Abaixo está um resumo da distribuição demográfica.

TABELA 2: ESTATÍSTICAS DE GÊNERO

	Frequência	**Porcentagem**
Homens	2.568	50,1
Mulheres	2.561	49,9
Total	6.018	

TABELA 3: IDADE

Estatística	**Idade**
Mínima	17
Máxima	85
Média	42
Desvio padrão	11

TABELA 4: EDUCAÇÃO FORMAL

Nível de educação	**Frequência**	**Porcentagem**
Ensino fundamental	11	0,2
Ensino médio	169	2,8
Ensino superior incompleto	636	10,6
Politécnico	227	3,8
Bacharelado	2.188	36,4
Mestrado	1.235	20,5
Pós-graduação	445	7,4
Outros	28	0,5

A PONTUAÇÃO

Ao pontuar as opções de respostas do Destaque-se, medimos 12 vezes cada um dos nove perfis em 34 situações. Trinta e duas situações tinham quatro opções de respostas. Duas tinham cálculos ponderados com todos os nove perfis medidos. Nem todas as respostas apresentadas em cada cenário foram calculadas no resultado final. As pontuações por perfil foram codificadas e transformadas num índice-t para padronizar a distribuição. Os cálculos da pontuação de cada resposta envolviam a ponderação por grau de dificuldade em cada cenário e a confiabilidade de cada perfil.

ESTABILIDADE E CONFIABILIDADE DO DESTAQUE-SE

Você acha que os resultados do Destaque-se mudariam se você se submetesse ao teste mais de uma vez? Uma medição inicial da confiabilidade dessas pontuações foi realizada numa amostra aleatória de 269 profissionais americanos usando análises de qui-quadrado e teste-reteste dos níveis médios de perfis. A amostra de participantes realizou o teste em outubro de 2010 e depois o refez em maio de 2011. A análise estatística chamada teste qui-quadrado de independência foi realizada, com uma variável dicotômica chamada "Equivalência do Perfil do Período 1 para o Período 2".

Ao serem revisados os três perfis mais relevantes calculados na análise, 90% da amostra manteve seu principal perfil entre seus três principais do período 1 para o período 2, e 47% teve duas equivalências entre os três principais perfis no período 1 e no período 2. Todos os nove perfis tiveram resultados qui-quadrado significativos, indicando que sua presença nos três perfis mais relevantes na primeira administração da avaliação tinha uma alta correlação ($p < 0,05$) com sua presença entre os três perfis principais durante a segunda administração da avaliação.

TABELA 5: TESTE QUI-QUADRADO DE INDEPENDÊNCIA DOS RESULTADOS: N = 269

Perfil	Qui-quadrado	Valor
Compensador	29,911	0,000
Conselheiro	5,039	0,025
Criador	11,245	0,001
Entusiasta	28,906	0,000
Influenciador	9,444	0,002
Pioneiro	25,460	0,000
Professor	20,530	0,000
Provedor	6,822	0,009
Vinculador	6,335	0,012

Para analisar a consistência dos resultados do período 1 para o período 2, estatísticos calcularam um índice-t de mudança para cada um dos nove perfis. Não houve diferenças significativas nas pontuações de quaisquer dos nove perfis do período 1 para o período 2 ($p < 0,05$).

VALIDADE

A validade de um método de avaliação deve ser analisada com base no seu objetivo. O objetivo do Destaque-se é ajudá-lo a identificar e a canalizar seus dons únicos. Criada a partir dos princípios da psicologia positiva, sua aplicação enfatiza o tempo gasto desenvolvendo seus dois perfis mais significativos como o caminho de menos resistência à produção de resultados. Vamos nos aprofundar um pouco mais no que o Destaque-se mede e depois ver como esses perfis têm sido validados por líderes, gerentes e vendedores de alto desempenho.

Validade de conteúdo: o que mede o sistema de avaliação Destaque-se. Ao explorarmos os padrões de dados de meio milhão de testes e ouvirmos milhares de entrevistas para entendermos a causa do sucesso, ficou evidente que os 18 talentos essenciais medidos se combinavam em conjuntos com picos de frequência e intensidade que explicam melhor como alguém tende a pensar, a se sentir e a se comportar.

O Destaque-se mede como esses talentos convergem em nove perfis principais, padrões poderosos e em geral recorrentes que surgiram ao longo da nossa pesquisa. Por exemplo, quando você procura respostas com meu ex-chefe de pesquisa, sempre aprende algo. Apesar de saber a resposta, ele não se contenta em simplesmente dizê-la a você: ele precisa ensiná-lo a encontrá-la sozinho. É um aprendiz por natureza e almeja o conhecimento. Ele começa no ponto em que você está e o incentiva a se sair melhor. Na essência, e no idioma do Destaque-se, ele é um Professor. Ele atinge o auge em três talentos essenciais – curiosidade, individualização e instinto de instrução –, que se juntam para explicar seu brilhantismo como Professor. (O Capítulo 3 define os nove perfis do Destaque-se.)

Validade aparente: estudos dos pontos fortes com funcionários de alto desempenho. No estudo de funcionários de alto desempenho para determinada função foi descoberto que grupos específicos de talentos emergem para explicar o sucesso. Como parte da nossa pesquisa na validade do Destaque-se, buscamos entender a excelência na prática por meio das lentes de nossos nove perfis. Em cada amostra, agregamos expectativas prévias a partir de nossa experiência. Em cada estudo, as histórias em meio aos dados propiciaram um aprendizado rico e uma forte validade aparente para o sistema Destaque-se.

O gráfico a seguir é um resumo dos resultados compostos de um estudo com 140 altos executivos de uma instituição financeira americana. As pontuações médias por perfis são organizadas da mais alta para a mais baixa. Dada a natureza regularizada desse setor e a necessidade inerente dos Compensadores de criar equilíbrio e ordem para fazer a coisa certa, esperávamos encontrar o papel de Compensador como perfil principal. E foi o que aconteceu.

Melhores executivos de uma instituição financeira americana (N = 140)

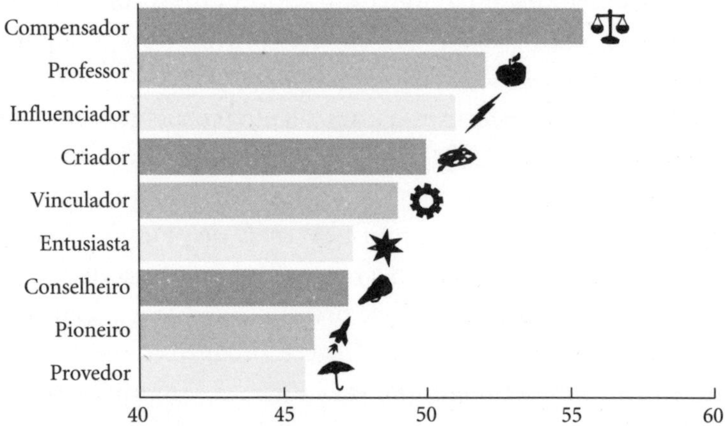

Do mesmo modo, dados agregados do estudo com os 55 gerentes gerais mais qualificados de uma importante rede internacional de hotéis revelaram três perfis mais significativos que seriam o esperado levando-se em conta as exigências da função. Em primeiro lugar, várias pesquisas afirmam que os melhores gerentes ensinam (Buckingham e Coffman, *Quebre todas as regras*, Sextante, 2011), por isso não é de surpreender que o principal perfil encontrado entre eles seja o Professor – eles entendem os pontos fortes de cada membro da equipe e usam essas qualidades para levá-los ao sucesso. Para isso, muitos criam um ambiente animado, em que premiam e celebram o êxito de cada funcionário. Esse é o perfil dos Entusiastas, que ficou em terceiro lugar na amostra. Por fim, para administrar um grande hotel é essencial criar ordem e estrutura – você precisa de um quarto limpo pronto na hora certa. Por isso, não é nenhuma surpresa que o papel de Compensador esteja em segundo lugar.

Quarenta e cinco organizações de vendas participaram de um estudo com seus profissionais mais talentosos. Cada organização selecionou seus dois principais nomes e os convidou a participar do Destaque-se. Uma amostra de 82 pessoas dentre as 90 selecionadas completou a avaliação. Você provavelmen-

Melhores gerentes gerais de uma rede internacional de hotéis (N = 55)

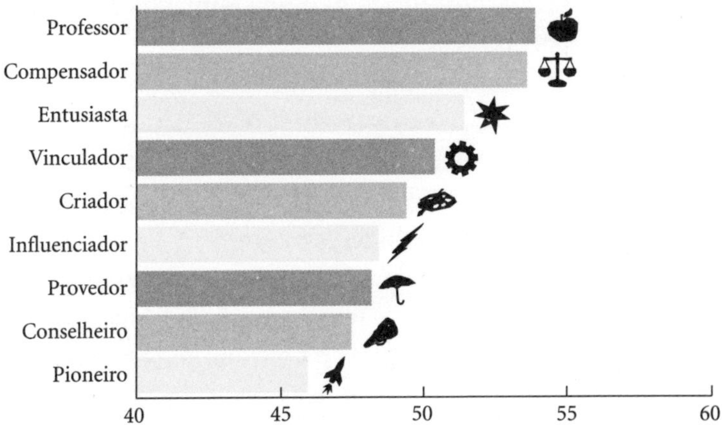

te já imagina o que os resultados revelaram. Nossas suspeitas foram confirmadas com Influenciador e Vinculador no topo e Compensador em terceiro lugar. Não é de admirar que a persuasão – Influenciador –, a profunda necessidade de criar uma rede de contatos – Vinculador – e de cumprir suas promessas – Compensador – se combinem para criar os vendedores mais bem-sucedidos.

Melhores vendedores de uma associação americana (N = 82)

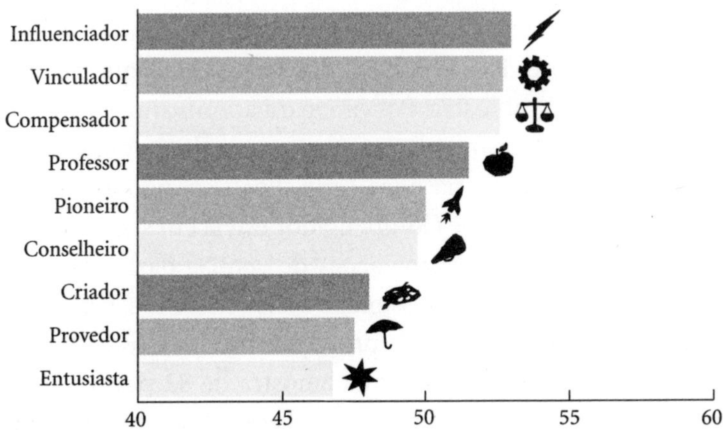

A validade aparente também ocorreu em estudos com engenheiros, professores, provedores de ajuda humanitária e diretores de escolas particulares.

O Destaque-se cumpre sua premissa de revelar com precisão como seus principais talentos se combinam para definir seus perfis. Sua grandeza está em mostrar que cada um de nós é verdadeiramente único. Cada um de nós oferece algo de raro e valioso. Esse valor é percebido por completo apenas quando assumimos a responsabilidade de oferecer conscientemente nossos perfis à medida que atuamos no trabalho e na vida.

Um relatório técnico completo e um resumo (em inglês) estão disponíveis no site www.standout.tmbc.com.

Agradecimentos

Tenho a sorte de compartilhar minha vida e meu trabalho com pessoas fora de série. Jane Buckingham, criativa, inteligente e muito prática. Charlotte Jordan, que enfrenta a batalha entre "o que está certo" e "o que é melhor" todos os dias. Jaqai Mickelsen, que vaga pelo nosso mundo do treinamento e desenvolvimento se perguntando como chegou até ali, determinado a tornar o ambiente mais divertido e belo. Este livro e o sistema de avaliação Destaque-se começaram como uma tentativa de entendê-los e de identificar seus maiores talentos. Obrigado por sua paciência comigo e por compartilharem seus dons com todos nós.

Como se pode imaginar, muita coisa tem que acontecer para que um livro/teste como o *Destaque-se* se torne confiável, abrangente e interessante. Primeiro, é preciso criar o sistema de avaliação. Muito obrigado à minha parceira no crime psicométrico, a Dra. Courtney McCashland, cuja experiência foi extremamente valiosa para criar as situações e escrever o resumo técnico que expressa as propriedades estatísticas do Destaque-se.

Depois é necessário conduzir todas as entrevistas com excelentes líderes, gerentes, vendedores e atendentes, e extrair dessas entrevistas inovações e técnicas. Tracy Hutton foi minha parceira astuta nesse esforço contínuo de pesquisa.

Em seguida há que se criar o teste para que ele pareça ao mesmo tempo substancial e agradável. A criatividade de Jaqai Mickelsen está evidente nesse item. E Alfonso Gonzalez foi sua carta na manga, ajudando-o a aperfeiçoar os elementos do projeto.

Existe ainda um trabalho que não se vê, o que faz com que a coisa toda funcione: a criação dos bancos de dados correlacionados, a programação dos algoritmos e os infindáveis testes. Shaun Wanford e David Wagner trabalharam muito por trás da fachada, dando-nos a estrutura e a certeza de que precisávamos.

Em seguida, é preciso escrever o livro. Bryan Norman, meu editor, tem o tipo de mente aguçada, forte e gentil que eu gostaria de ter.

Por fim, perto de terminar, você entrega tudo para Darren Raymond e diz: "Tome isto aqui. Conserte isto. Dê um jeito." E ele melhora o trabalho todo.

Obrigado a todos vocês.

Desde que fundamos a TMBC, em 2007, fomos abençoados com alguns parceiros visionários que tinham grandes expectativas quanto à nossa atuação. Obrigado por ampliar nossos objetivos: Gina Valenti e Phil Cordell, do Hilton Worldwide; Telvin Jeffries, Nancy Blok-Anderson e Amy Leschke-Kahle, da Kohls; Lori Goler e Stuart Crabb, do Facebook; Steve Stickel, Ben Putterman e John Lindner, da Banana Republic, e Camille Mirshokrai, da Accenture.

Não teríamos sido capazes de alcançar esses objetivos se não fossem por alguns profissionais excelentes da TMBC: Charlotte Jordan, que elabora com paixão e precisão todo o treinamento que oferecemos aos gerentes; Holly Dowling, que aperfeiçoa esse treinamento com sua autoridade e sua alegria; Kristi Pavel, que todos querem atender e a quem recorremos em busca de confiança; Maggie Hensle e Nancy Day-Glasberg, que levam nossa abordagem para a vida das pessoas; Stephanie Daniels, que conquista todos os que conhece e que me faz parecer muito melhor do que sou; Tiffany Criner, que de algum modo consegue fazer com que todos gostem dela e que então, sem esforço, nos transmite essa boa vontade; Elvie Moore, que sorri quando os números batem e também quando os números não batem, e Jessica Lee, que realmente administra o lugar.

Brian Hampton, obrigado.

Mary Graham, obrigado por sua liderança.

Sheila Walsh, obrigado por seu talento inspirador e sua generosidade.

Jennifer Rudolf Walsh, obrigado pela sua força e seu adorável coração.

Janie, Jack e Lilia, obrigado pelo material.

Obrigado por tudo.

Informações sobre os próximos lançamentos

Para saber mais sobre os títulos e autores
da EDITORA SEXTANTE,
visite o site www.sextante.com.br
ou siga @sextante no Twitter.
Além de informações sobre os próximos lançamentos,
você terá acesso a conteúdos exclusivos e poderá
participar de promoções e sorteios.

Se quiser receber informações por e-mail,
basta cadastrar-se diretamente no nosso site.

Para enviar seus comentários sobre este livro,
escreva para atendimento@esextante.com.br
ou mande uma mensagem para @sextante no Twitter.

EDITORA SEXTANTE
Rua Voluntários da Pátria, 45 / 1.404 – Botafogo
Rio de Janeiro – RJ – 22270-000 – Brasil
Telefone: (21) 2538-4100 – Fax: (21) 2286-9244
E-mail: atendimento@esextante.com.br